AF280494

Wusstest du, dass Gott uns liebt? Wirklich! Ohne Wenn und Aber! Und dennoch versuchen wir so oft, uns anzustrengen, um Gott zu gefallen. Brauchen wir nicht. Können wir gar nicht. Gott will, dass wir uns hingeben, fallen lassen, quasi nichts tun. Fällt uns aber ziemlich schwer. Dieses Buch kann helfen, diesen Willen Gottes zu verstehen und eine Ahnung davon zu bekommen, wie wir zu diesem Nichtstun gelangen können.

Geboren wurde ich 1988, studierte (etwas später) Soziologie an der TU Chemnitz, bevor ich 2014 die Arbeit als Betreuer an einem Internat begann und später hauptsächlich als Lehrer tätig wurde. Ich bin Mitglied in der Evangelisch-methodistischen Kirche, verheiratet und lebe mit meiner Frau und unseren drei Kindern in Leipzig. 2015 wurde *Glaubst du an ein Leben vor dem Tod?* veröffentlicht, ein Buch über meine Ansichten des christlichen Glaubens. 2019 erschien mein Roman *Rindl.*.

UNCOOL

Vom Fallenlassen und Gefallen

Ramón Heberlein

Bibliografische Information der Deutschen Nationalbibliothek: Die Deutsche Nationalbibliothek verzeichnet diese Publikation in der Deutschen Nationalbibliografie; detaillierte bibliografische Daten sind im Internet über dnb.dnb.de abrufbar.

Bibelzitate erfolgen in der Regel nach der Übersetzung:
Lutherbibel, Taschenausgabe mit Apokryphen
Revidiert 2017
© 2016 Deutsche Bibelgesellschaft, Stuttgart.

Stellen, an denen andere Übersetzungen verwendet werden, sind im Text per Anmerkung kenntlich gemacht.

Covergestaltung: Jule Heberlein & Ramón Heberlein
Verlag: BoD · Books on Demand GmbH, In de Tarpen 42, 22848 Norderstedt, bod@bod.de
Druck: Libri Plureos GmbH, Friedensallee 273, 22763 Hamburg
ISBN: 978-3-8391-2823-7

Für

Elmo, Betti, Wilma, Jule

& Menschen wie John

Nick

Kennst du die Geschichte von Nick Foles?

Kennen die meisten nicht, aber, oh Mann, die ist es echt wert, erzählt zu werden! Okay, ich gebe zu, ich würde sie vermutlich auch nicht kennen, wäre ich nicht vor ein paar Jahren mit meiner Frau und ihren Eltern nach New York gereist. Wir saßen in diesem schmucken Appartement im East Village und verfolgten gespannt die letzten Minuten des Superbowl-Finales 2018, die Philadelphia Eagles gegen die New England Patriots. Ich hatte ja keine Ahnung (und hab' sie heute noch kaum), und aus diesem Grund habe ich auch nicht auf die Eagles gehofft, sondern zitterte mit den sich abkämpfenden Patriots, die kurz vorm Ende des vierten Quarters hinten lagen, und ich meist prinzipiell auf den Außenseiter hoffe. Außerdem sollte das Spiel ja spannend bleiben. Gewonnen haben am Ende die Spieler aus Philadelphia, und erst später stellte sich für mich heraus, dass dies wohl einer echten Sensation glich.

Nick Foles wurde 1989 geboren und wuchs in Texas auf. Zu dieser Zeit gab es drei Dinge, die man in Texas verehrte: Gott, Football und Fleisch. Nick kümmerte sich in seiner Jugend mehr um den Sport als um die anderen beiden Dinge, und so kam es, dass er 2012 einen Vertrag bei dem Footballverein der Philadelphia Eagles unterschrieb. Und es ging auch ziemlich gut los für ihn.[1] Doch aufgrund schwacher Leistungen und einiger Verletzungen trennten sich die Eagles im Sommer 2015 von ihm. Er überlegte, nach einer Verletzung aufzuhören. Doch Nick, ein tiefgläubiger Christ, betete für eine Entscheidung und blieb in der NFL.[2] So strolchte Nick also zwei Jahre lang als Ersatzspieler durch die Liga und stellte dabei fest, wie sich seine Prioritäten verschoben. Seine Frau litt an einer Infektionskrankheit und sie erwarteten ihr erstes gemeinsames Kind. Nick wollte aufhören. Hätten die Eagles ihn nicht zum Weitermachen überredet und ihm einen Zweijahresvertrag als Bankdrücker gegeben, wäre diese gute Geschichte an dieser Stelle wohl zu Ende (und das Intro für mein Buch dahin). Doch Nick nahm den Vertrag an (thanks, man!), die Fans ihn wiederum nicht. Er saß auf der Ersatzbank, und dann geschah es.

2017, gegen Ende der regulären Spielzeit, verletzte sich der damalige Stammquarterback der Eagles schwerwiegend am Knie und Nick musste spielen. Die Fans gaben die Hoffnung auf. Nick selbst hatte verlauten lassen, dass Football in seiner persönlichen Rangordnung lediglich auf Platz drei liegt, nämlich hinter Gott und dem Fleisch – nein Spaß, der Familie natürlich –, und keiner konnte glauben, dass so einer in dieser Footballwelt, die sich nur so nach ehrgeizigen Helden sehnt, bestehen könne.

Doch es kam anders: Die Eagles schafften es ins Finale. Bereits vor dem Finale meinte Nick, dass er gerne Pastor an einer Highschool werden würde.[3] Dieser Kerl, an dem alle zweifelten, war also der Meinung, dass es andersherum genauso wunderbar gewesen wäre. Er war dankbar, dass er das alles erleben durfte, aber als Pastor wäre er wohl genauso glücklich gewesen. Und das alles sagte er vor dem Finale gegen die New England Patriots, quasi dem damaligen FC Bayern München des American Footballs.

Nick aber hatte sich von all dem nicht verrückt machen lassen. Er hatte vor dem Spiel nicht versucht, mit markanten oder angsteinflößenden Aussagen hervorzustechen. Nein, Nick sah es ganz klar als das, was es nun einmal war: ein Spiel. Der Superbowl ist ein kaum vergleichbares Spektakel. Um die einhundert Millionen Menschen sehen dabei zu, und es ist der Traum vieler Kinder, genau das selbst einmal zu erleben. Und dann kam da dieser Kerl aus Texas und spielte das ganze Ding nach seinen eigenen, ganz ruhigen und demütigen Regeln. Und es war auch genau der Kerl, der maßgeblich dazu beitrug, dass die Eagles dieses Spektakel gewannen und zum Meister gekürt wurden. *Holy Nick*, wie er von Eagles Fans genannt wurde[4], wurde zudem als wertvollster Spieler des Superbowl-Spiels gewählt. Eine Geschichte, die kaum zu glauben, aber wahr ist.[5]

WARUM

Eine Frage – vier Antworten: Warum? Eine absolut berechtigte Frage! Aber lass mich möglichst kurz und knapp (*hüstelhüstel*) eine Antwort darauf geben.

Es war im Januar 2015. Acht völlig verschiedene und quasi wildfremde Menschen – darunter ich – kamen in Bonn zusammen, um eine gut einjährige Weiterbildung im Bereich Internatserziehung zu absolvieren. In dieser Zeit schrieb ich bereits an meinem ersten Buch und stellte es kurz nach unserem ersten Treffen auch fertig. Während dieser Weiterbildung gab es zwischen uns Teilnehmenden sehr inspirierende und motivierende Gespräche. Vor allem zwei Menschen bleiben mir dahingehend sehr in Erinnerung. Zum einen Valentin, ein katholischer Priester, zum anderen John, der Lebemann, wie ich ihn bezeichnen würde. John outete sich damals schon als Agnostiker und bleibt, zumindest bis zum Zeitpunkt des Schreibens dieser Zeilen, dabei (wer weiß, ob ich ihn noch überzeugt kriege).

Als diese Art Ausbildung und sehr intensive Zeit zu Ende ging, blieben wir fast alle in Kontakt. Vielleicht sollte ich hier kurz erwähnen, dass uns neben dem Inhaltlichen – ähm, also, knapp zehn Jahre später konnte sich jetzt niemand mehr ganz intensiv an alle Inhalte erinnern – vor allem die Abendstunden mit guten Gesprächen, viel Quatsch und einigen Runden *Wahrheit oder Pflicht* (ja, wir waren alle erwachsen und machten eine berufliche Weiterbildung!) zusammenschweißten. An sich könnte ich ein eigenes Buch über diese Zeit damals schreiben, aber ich befürchte, da hätten meine Mitstreitenden einiges dagegen.

Nach knapp zehn Jahren unseres ersten Aufeinandertreffens veranstalteten wir nun quasi eine Art Klassentreffen. Das Vorhaben war schon ziemlich verrückt (aber auch sozial höchst interessant, was mich sehr faszinierte): Sieben von den damaligen acht Leuten sollten in einem Haus irgendwo in einer Kleinstadt zusammenkommen. Und dabei bedenke man bitte, dass über acht Jahre seit unserem letzten Treffen vergangen sind und wir uns in den insgesamt sechzehn Monaten, die die Fortbildung dauerte, lediglich sechsmal im Leben an ein paar Wochenenden und eine einzige zusammenhängende Woche gesehen hatten!

Aber wie bereits erwähnt (unter anderem Dank Flaschendrehen) empfanden wir diese Zeit als wahnsinnig intensiv, sodass wir unbedingt so ein Treffen haben wollten. Gesagt, getan. Aufgeregt also (zumindest ich) kamen wir nun zusammen und es dauerte keine zehn Minuten und ich fühlte mich sofort zehn Jahre zurückversetzt in diese lockere und schöne Atmosphäre. Und bei einem unserer Gespräche am ersten Abend wurde relativ schnell klar, dass mindestens zwei sich recht gut daran erinnerten, dass ich dieses Buch damals geschrieben hatte. Einer davon war John, der mir berichtete, wie gut es ihm, dem Agnostiker, also dem, der nicht so richtig zum Glauben finden kann, aber definitiv offen dafür ist, gefiel.

Jetzt sollte man wissen, dass ich nach meinem ersten kleinen christlichen Buch einen belletristischen Roman geschrieben hatte und ich eigentlich gerne einen zweiten Roman schreiben wollte. Aber wie das mit der Zeit und der Motivation so ist, ging das irgendwie nicht so richtig voran. Das Verlangen aber, vielleicht doch nochmal was zu Papier zu bringen, war allerdings da, konzentrierte sich für mich aber eben auf solch einen belletristischen Roman und nicht auf ein weiteres christliches Buch. Als mir John aber dann berichtete, was mein kleines Büchlein mit ihm angestellt hatte und dass nach so vielen Jahren dies noch immer so präsent für ihn war, motivierten mich genau dieses Wochenende unseres Wiedersehens, dieses Gespräch, das ganze Drumherum immens dazu, diese Zeilen hier zu verfassen und somit das zweite Buchprojekt dieser Art zu starten.

Die quasi dritte Antwort (neben meiner Lust am Schreiben und den Aussagen von John) auf die eingangs gestellte Frage ist unter anderem die Geschichte von Nick Foles. Was ich damit sagen will: Es ist mein Drang nach Output. Dinge, die ich erlebt und erfahren habe, die mir in den Kopf kamen, die ich weitergeben möchte. Ich habe einfach immer irgendwas zu sagen (ich weiß, kann nerven, aber Gott gab auch dir den freien Willen, mir nicht zuzuhören). Letztendlich ist dieses Buch hier nur ein Sammelband meiner Predigten und so 'nem Zeugs.

Und hier kommt dann auch die vierte und letzte Antwort: Ja, ich finde es irgendwie einfach cool, zu sagen, ich habe ein Buch geschrieben. Und ja, so ein paar Ansichten einfach weiterzugeben beziehungsweise zu hinterlassen, finde ich auch nicht schlecht.

Und hier noch eine Art Disclaimer: Alles, was ich zu sagen habe, kommt nicht von mir (Plagiat!). Ich habe es aus Gedanken zu Liedern oder Predigten, die ich gehört, Filmen, die ich gesehen, Büchern, die ich gelesen habe oder einfach aus meinem Leben, das ich erfahren darf. Um es kurz zu machen: Letzten Endes kommt alles von Gott! Was aber nicht heißt, dass ich da nicht auch Fehler draus mache und Schwachsinn weitergebe. Aber das kannst du dann selbst herausfinden.

Lange Rede, kurzer Sinn: Es ist nun da. Und bei dir liegt es, ob du nun weiterblätterst oder es wieder zurücklegst. Aber ich hoffe, zumindest John wagt das Umblättern.

Ach ja, bevor es losgeht, doch noch eine kleine Sache: Was erwartet dich hier eigentlich? Na ja, ich sag mal so: Dich erwartet hier ein theologisches Buch, ohne theologisch zu sein. Also, was ich damit meine, ist, ich schreibe über das, woran ich glaube. Es ist aber nicht theologisch ausgearbeitet. Es ist nicht bis ins kleinste Detail recherchiert und ausgelegt (also in die Bibel hab' ich schon mal geschaut). Vielleicht ist es oberflächlich. Vielleicht ist es aber eben auch einfach nur meine Sichtweise. (Wo ist der Unterschied?) Also, wenn du hier ein theologisch tief recherchiertes Buch erwartest, dann leg das Buch jetzt lieber beiseite und mach es nicht wie John. Denn sonst wirst du wohl nur enttäuscht werden. Für alle anderen: Let's go!

FALLENLASSEN

Wie beginnt man so ein Buch? Recht einfach: Mit der für mich alles entscheidenden Frage! Vielleicht ist es dir zu simpel, vielleicht auch zu kompliziert, keine Ahnung. Aber ich würde dieses Buch gern mit dieser einen Frage beginnen, die mich mehr als jede andere beschäftigt: Wie werde ich Christin beziehungsweise Christ[1]? Und ich meine jetzt nicht, wie ich konfessionell in irgendeine Kirche eintrete oder so. Noch nicht mal einfach das Bekenntnis, zu sagen: Ich glaube an Gott, ich glaube an Jesus, ich glaube an den Vater, den Sohn und den Heiligen Geist. Ich meine, wie schaffe ich es, mich Gott wirklich hinzugeben? Jesus tatsächlich nachzufolgen?

Vorab: Ich glaube, es gibt eine Grundprämisse für das Christin- beziehungsweise Christsein. Ich glaube, wir müssen an den Punkt kommen, an dem wir erkennen, dass wir eigentlich ziemliche Ärsche sind. Dass wir kaputt sind, fehlerhaft, nicht perfekt, dass wir hilfsbedürftig sind.[2] Ich glaube, dass, wenn wir der Überzeugung sind, wir können alles und sind die Größten – wir brauchen also absolut nichts und niemanden –, wir gar kein Verlangen haben werden, Gott zu suchen. Warum auch, wenn doch schon alles gut und keine Leere in deinem Leben vorhanden ist? Ich glaube, wenn du so denkst, bist du nicht ehrlich zu dir. Sorry, aber

14

ich glaube, wir sind alle so was von unperfekt und stümperhaft. Klar, in manchen Bereich mehr und in anderen weniger, aber come on: Perfekt? No way! Lasst uns von scheinheilig zu heilig kommen! Jesus machte das schon ziemlich deutlich: »Die Gesunden bedürfen des Arztes nicht, sondern die Kranken. Ich bin nicht gekommen, Gerechte zu rufen, sondern Sünder zur Buße.« (Lukas 5,31b-32)

Easy von Sarah Reeves ist ein tolles Lied, welches ich vor noch gar nicht allzu langer Zeit erst kennenlernen durfte, und da heißt es im Refrain:

I thought I wanted it easy but easy never needed
never needed You
Just because I'm feeling weak and feeling lonely
doesn't make it true
I know I'm only human
and I don't know what I'm doing
I thought I wanted it easy but easy never needed
never needed You[3]

Ich dachte, ich wollte, dass es einfach ist, aber einfach
hat Dich nie gebraucht,
hat Dich nie gebraucht.
Nur weil ich mich schwach und einsam fühle,
heißt das nicht, dass es wahr ist.
Ich weiß, ich bin nur ein Mensch
und ich weiß nicht, was ich tue.
Ich dachte, ich wollte, dass es einfach ist, aber einfach
hat Dich nie gebraucht,

hat Dich nie gebraucht.[4]

Wenn alles einfach und fehlerlos bei uns laufen würde, bräuchten wir Gott nicht. Ich glaube aber, dass es nicht so ist. Das ist also meines Erachtens die Grundvoraussetzung, um mit Gott unterwegs sein zu wollen (nicht, um überhaupt mit Gott unterwegs zu sein!). Wenn ich das nun also möchte, stellt sich die Frage: Wie schaffe ich das?

Ich habe eine Predigt gehört, die für mich ein paar sehr starke Aspekte genau zu diesem Thema wiedergab und die ich in dieses Kapitel hier gerne nicht zu knapp mit einfließen lassen möchte.[5] Im Rahmen dieser Predigt kam mir ein Gedanke in den Kopf: Ich bin kein guter Christ. Aber nicht, weil ich schlechte Dinge tue, sondern weil ich ständig versuche, gute Dinge zu tun. Lies das ruhig nochmal. Ich finde, in diesem Satz steckt ein Paradoxon, *mein* Paradoxon, mein inneres Ringen, das ich schon seit Jahren, vielleicht seit Beginn meines Christseins habe.

Wenn man anderen Menschen unsere Religion, unseren Glauben erklären möchte, dann ist das unfassbar paradox. Zumindest ist das meine Sicht (ey, lies nochmal die Einleitung!). Denn wenn wir es mal herunterbrechen, ist das Einzige, was wir als Christinnen und Christen machen müssen, ein Geschenk anzunehmen. Wir müssen also eigentlich gar nichts tun. Und immer dann, wenn wir etwas tun, gehen wir eigentlich schon in die falsche Richtung.[6]

Ich glaube, es ist nicht verwunderlich, dass der Ablasshandel im Mittelalter so super funktionierte. Denn es ist natürlich sehr, sehr einfach zu sagen: Ich habe die und die

Sünde begangen, und dafür bete ich jetzt so und so oft das Vaterunser und die Sünde ist weg.

Und dieses *Ich-mache-etwas-und-dann-ist-mir-vergeben-und-alles-ist-gut-Ding*, das fühlt sich gut an. Und klar sagst du jetzt vielleicht, dass wir doch wirklich weiter sind und Ablasshandel ja nun wirklich der Vergangenheit angehört. Und so würde ich das auch sehen, aber weißt du was? Genau das praktiziere ich in meinem Leben quasi tagtäglich. Ich begehe eine Sünde. Ich tu irgendetwas, von dem ich genau weiß, das ist nicht gut für mich. Das trennt mich von Gott. Genau so eine Sünde begehe ich doch immer und immer und immer und immer wieder. Und was mache ich danach? Ich setze mich hin, ich bitte Gott um Vergebung, ich bete vielleicht sogar das Vaterunser, erbitte den Segen. Ich gehe Rituale durch und danach fühle ich mich befreit und stark. Ablasshandel. Nichts anderes ist das.

Kommen wir aber nun zu einem Kerngedanken der eben bereits angesprochenen wirklich hörenswerten Predigt. Es geht um den Text in Römer 8. Vers 15 lautet: »Denn ihr habt nicht einen Geist der Knechtschaft empfangen, dass ihr euch abermals fürchten müsstet; sondern ihr habt einen Geist der Kindschaft empfangen, durch den wir rufen: Abba, lieber Vater!« Da heißt es also: Abba, lieber Vater. Und in der Predigt ging es unter anderem um dieses Wort *Abba*. (Soll ich den Witz machen? Soll ich? Ich, äh, okay einmal: *Mamma Mia *sing**)

Ich habe selbst drei kleine Kinder zu Hause, und davon ein ganz kleines mit nicht einmal einem Jahr. Und ich erlebe es nun schon zum dritten Mal, wie ein Kind sprechen lernt.

Dabei habe ich bisher noch nicht erlebt, dass das erste Wort, das ein Kind spricht, *Vater* ist. Oder *Mutter*. Oder *Bruttoinlandsprodukt*. Sondern es kommen erst mal nur so gebrabbelte Wörter. Und irgendwann – ja, ich gebe zu, als Eltern interpretiert man das vielleicht auch schnell hinein –, aber irgendwann kommt es dann dazu, dass die Kinder so was wie *Baba* oder *Mama* sagen. (Ich glaube übrigens, unsere ersten beiden Kinder haben zuerst *Baba* gesagt, aber frag da am besten nicht meine Frau.)

Das ist also das, was Kinder tun. Sie fangen an, in einer Sprache zu reden, die weich ist, die verständlich ist, die leicht ist. Im Römerbrief wird Gott also als *Abba* bezeichnet, der liebe Vater. (Hey, ich bin noch immer bei der Predigt! Hier die weiterführenden Gedanken dieser:) Wann sagen wir denn *Abba* oder *Baba*? Wann sagen wir das? Sagen wir das, wenn wir erwachsen sind, jugendlich, wenn wir Großeltern sind? Okay, wenn wir wieder ganz, ganz kurz vorm Ende unseres Lebens sind, fangen wir vielleicht wieder an zu brabbeln, weiche Worte zu benutzen. Aber in der Lebensphase, in der wir bei vollen Kräften und auch bei vollem Verstand sind, da reden die meisten dann eher doch nicht mehr in Babysprache. Und trotzdem – obwohl es augenscheinlich zu mündigen Menschen gesagt wird – wird hier dieses Wort *Abba* benutzt. Warum? Weil wir wie Kinder sein sollen.

In der Bibel heißt es mehrfach, wir sollen wie die Kinder sein.[7] Und die Bibel sagt damit nicht, sei kindisch. Nein, aber Kinder denken nicht so viel nach. Und das ist toll! (Übrigens kleiner Tipp, wenn man sich mal wieder richtig wie ein Kind fühlen will: Man nehme nachts eine Wohnung mit erwachsenen Menschen darin. Man lösche alle Lichtquellen und spiele dann eine traditionelle Runde Verstecken in der ganzen Wohnung. Glaub' mir, das fetzt! Haben wir mal zu Silvester gemacht – es lohnt sich!)

Unsere Kinder gehen in einen Kindergarten, an dem der Anteil von Kindern mit Migrationshintergrund recht hoch ist. Und weißt du was? Unsere Kinder machen keine Unterschiede zwischen Hautfarbe oder Sprache oder irgendeinem anderen kulturellen Aspekt. Da ist das eher in etwa so: *Der ist doof, weil er mich schubst und die ist toll, weil sie mir einen Apfel abgegeben hat.* Da macht die Hautfarbe keinen Unterschied. Naiv sein. Nicht so viel drüber nachdenken.

Als unser zweites Kind geboren wurde, entwickelte unsere damalige knapp zweijährige Tochter eine Art Menschenphobie. Eigentlich spazierte sie, wenn wir unterwegs waren, recht selbstbewusst über den Gehweg, manchmal auch ein paar Meter vor uns. Für kurze Zeit war es dann allerdings so, dass immer, wenn jemand Fremdes an ihr vorbeilief, sie stehenblieb, zu mir rannte und sich dann teilweise einfach nur an meinem Mantel festhielt, bis die fremde Person vorüber war. Dann ließ sie meinen Mantel los und spazierte fröhlich weiter. Ein tolles Beispiel, wie naiv und quasi blind vertrauend Kinder sein können.

Schon mal drüber nachgedacht, warum Kinder einen Hügel heruntersprinten können, ohne mit der Wimper zu zucken, wohingegen uns Erwachsenen beinahe das Herz stehen bleibt? Würden wir selbst nie tun! Haben wir aber, nur war das halt früher. Und warum heute nicht mehr? Weil wir sofort darüber nachdenken, was da alles passieren kann. Weil wir Angst haben. Vor Schmerzen, vor Krankenhaus, ja, am Ende vor dem Tod. Kinder haben keine Angst vor dem Tod. Ich will damit nicht sagen, dass es schlecht ist, manchmal – vor allem im Hinblick auf die Gesundheit – etwas vorsichtiger zu sein. Klar ist es an sich schon gut, wenn wir Erwachsenen vorsichtig sind, wenn unsere Kinder da ungehalten den Hügel runterstürzen, weil wir ja dann doch eine Art Weitsicht haben und auch dafür verantwortlich sind, unsere Kinder zu schützen. Das sind aber der gesundheitliche und erzieherische Aspekt, die ich nicht meine. Mir geht es um uns selbst. Wir durchdenken immer alles. Wir wägen all unsere Entscheidungen detailliert ab. Das machen Kinder nicht. Und ich glaube, Gott möchte, dass wir unsere Entscheidungen nicht abhängig davon machen, was alles passieren könnte. Und nochmal: Gesunder Menschenverstand ist dabei unabdingbar. (Also nicht einfach losrennen und mal versuchen, ob man doch aus dem vierten Stock springen und dann fliegen kann!) Aber wie oft treffen wir Entscheidungen, weil wir die Risiken abwägen, die nur theoretisch vorhanden sind? Kinder machen das nicht. Und in Bezug auf Gott und den Glauben und das Vertrauen ist es eben sehr hilfreich, sich nicht diese Gedanken zu machen, sondern sich einfach hinzugeben. Wir sollen wie die Kinder sein – weil die den Tod nicht fürchten.

Wenn mein Kind irgendwo auf einen Baum klettert oder auf einer hohen Mauer steht und ich stelle mich unten mit ausgebreiteten Armen hin und sage: *Spring!*, dann zögert es vielleicht kurz, aber am Ende wird es sehr wahrscheinlich springen. Es wird nicht so viel darüber nachdenken. Warum? Weil da sein *Baba* steht. Weil da Papa steht und es auffängt. Stell dir mal vor, du stehst an so einer hohen Mauer und ich würde unten stehen und würde sagen: *Spring!* Würdest du springen? Ja? Bitte nicht – ich will dir ja nicht zu nahe treten, aber meine Fitnessstudiobesuche begrenzen sich auf die Anzahl NULL! Oder das Haus brennt und unten steht die Feuerwehr und macht so ein Sprungtuch auf. Klar, dein Verstand sagt dir, dass Springen vielleicht die einzige Lösung ist. Aber wir werden sehr viel darüber nachdenken, bis wir es wirklich tun.

Und dann spricht die Bibel davon, dass wir *Abba* sagen sollen. Wir sollen quasi brabbeln. Denn weißt du, in welcher Phase Kinder anfangen zu brabbeln? Wie diese Kinder da so sind? Die hängen. Sie hängen da einfach nur in deinem Arm. Wenn Kinder mit brabbeln anfangen, da haben sie keine Ansprüche, zumindest sind die nicht sonderlich hoch. *Ich will essen, ich will, dass du mich mal wickelst, ich will schlafen.* Das hält sich also in Grenzen. Sie hängen dabei beinahe willenlos in deinem Arm. Sie sind abhängig. Sie geben sich dir ganz hin. Sie vertrauen dir komplett. Sie können auch nicht anders. Sie geben sich einfach hin. Wenn wir in dieser Phase sind, dann können wir nichts allein tun. Und das ist das, was wir tun sollen.[8] Und das macht das Christin- beziehungsweise Christsein für mich so unfassbar schwer. Was muss ich tun, um eine gute Christin beziehungsweise ein guter Christ zu sein? Lass das *gut* bitte weg. Was muss ich tun, um Christin beziehungsweise Christ zu sein?

Nichts.

Absolut gar nichts.

Und das ist für uns Menschen ein ganz, ganz großes Problem.

Und falls es noch nicht deutlich geworden ist, muss ich hier kurz eine wahnsinnig wichtige Sache ansprechen (so wichtig, dass sie mir als Anmerkung nicht ausreicht und ich sogar den Gedankenfluss kurz unterbrechen muss): Ich kann das auch nicht! Wenn ich hier (und in allem Folgenden und Vorangegangenen) so etwas wie eine Anweisung, einen Anstoß, einen Hinweis gebe, dann soll das NIEMALS bedeuten, dass ich das hinkriege und dich vielleicht sogar noch belehren möchte! Wenn es also in diesem Buch hier in etwa so heißt: *Dieses oder jenes sollten wir tun …* Dann denk dir bitte immer den Satz dazu: Ramón kriegt das auch nicht hin. (Ich fand es etwas eintönig und unübersichtlich, das nach jedem Satz zu schreiben, aber es würde der Wahrheit entsprechen.) So, nun aber zurück zu unserem Problem des Nichtstuns.

Judah Smith schreibt in seinem Buch *Jesus ist ___.* sehr treffend: »Gott bietet uns etwas an, was zu gut ist, zu schön, um wahr zu sein – unverdiente und umfassende Gnade –, und wir stehen stocksteif und voller Unbehagen da und warten nur darauf, dass die Umarmung endlich aufhört, damit wir wieder damit weitermachen können, uns den Weg in den Himmel zu verdienen.«[9] Gott möchte uns umarmen und wir warten nur darauf, dass sich die Umarmung endlich löst, damit wir weiter daran arbeiten können, um in den Himmel zu kommen. Ich finde, das beschreibt es sehr,

sehr gut. Wir wollen etwas tun. Wir wollen gut sein, nett sein, beten, in der Gemeinde mitmachen. Und bitte versteh' mich nicht falsch, das sind alles gute Sachen! Aber ich glaube, nein, ich weiß – und vielleicht spreche ich da nur für mich, vielleicht spreche ich auch für dich, das musst du entscheiden –, ich mache das aus der falschen Motivation heraus. Ich mache das, weil ich Gott gefallen möchte. Ich mache das, weil ich Christ sein möchte.

Aber so funktioniert das bei Gott nicht. Wir sollen nichts tun – okay, das ist Clickbait –, wir sollen uns fallen lassen (was eben vielleicht nicht ganz das Gleiche ist, im Kern dann aber doch wieder übereinstimmt). Wenn wir uns absolut fallen lassen in die Arme unseres liebenden Vaters, unseres *Abbas*, wenn wir das tun, dann sind wir so, wie Gott uns möchte. Denn wir versuchen immer, vielleicht Gott, vielleicht uns, vielleicht anderen zu gefallen. Wir versuchen eigentlich immer anders zu sein, als Gott uns möchte. Aber was Gott will, ist, dass wir ihn *Abba* nennen, dass wir uns einfach fallen lassen.[10]

Vielleicht fragst du dich an dieser Stelle, warum du dich überhaupt Gott ganz hingeben solltest. Darüber könnte ich jetzt wahrscheinlich ein eigenes Buch schreiben, aber ich möchte es ganz kurz und knapp halten:

Gott. ist. gut.

Das ist die Grundvoraussetzung, von der ich absolut und zu einhundert Prozent überzeugt bin (und ich hoffe, das bringe ich auch auf jeder einzelnen Seite dieses Buches so rüber). Wollte ich nur mal gesagt haben.

Kommen wir jetzt aber zur alles entscheidenden und absolut paradoxen Frage: Wie kann ich das denn schaffen? Wie komme ich da hin? Wie schaffe ich es, nichts zu tun beziehungsweise mich einfach nur fallen zu lassen? Ich bin wirklich gern für Tipps offen, ich weiß es nämlich nicht.

Allerdings versuche ich in letzter Zeit, dieses Nichtstun, dieses Fallenlassen kennenzulernen, *umzusetzen*. Ich gebe zu, das hat über zwanzig Jahre meines christlichen Lebens gedauert, aber ich glaube, so langsam check ich es ein ganz klein wenig. Da bin ich noch ganz jung drin, da kann ich vielleicht noch nicht massig zu sagen, aber lies kurz weiter. Eine kleine Idee hab' ich dann doch (bekommen), wie ich zu diesem Fallenlassen komme.

Halten wir fest: Wir machen zu viel, wir können nicht einfach loslassen. So sind wir Menschen, und wenn du mal ganz ehrlich bist, so bist auch du. Ja, vielleicht kann ich die Jugendlichen rausnehmen, die können auch mal den ganzen Tag einfach nur abhängen, aber du verstehst, was ich meine. Nichtstun fällt uns Menschen so unglaublich schwer. Und jetzt mime ich hier den Lehrer und sage dir, um Christin beziehungsweise Christ zu sein, um sich Gott ganz hinzugeben, musst du nichts tun. Absolut nichts tun. Puh, das ist eine Herausforderung! Und ich habe die Lösung nicht. (Echt nicht, big SORRY!)

Aber – und das ist quasi mein Lifehack schlechthin für dich – manchmal frage ich Gott. Und manchmal ist es eine

Methode für mich, dass ich mich mit der Bibel hinsetze, Gott die Frage stelle, die ich habe, und dann in der Bibel lese. Manchmal ploppt es auch einfach so auf. Da kommt ein Satz in dem Text der Bibel, den ich gerade lese, und dieser Satz scheint eine Antwort zu geben.

Und einen Gedanken, den ich dazu bekam, der ist eigentlich auch schon wieder ganz simpel und doch so schwer. (Du merkst, wir als Christinnen und Christen haben es echt nicht einfach – sollte man denen da draußen mal erzählen!) Dieser Gedanke oder besser gesagt diese Aufforderung, die ich da las, passt zum einen sehr gut in das Jahr 2024, denn es ist gewissermaßen die Jahreslosung. Zum anderen passt es für mich nochmals besonders, da wir genau diese Jahreslosung als Taufspruch für unseren Sohn gewählt haben. Und um dich nun nicht noch länger zappeln zu lassen (da du ja wahrscheinlich entweder keine gute Christin beziehungsweise kein guter Christ bist und die Jahreslosung von 2024 nicht auswendig kennst (*hüstelhüstel*) oder nicht auf der Tauffeier unseres Sohnes dabei warst), hier die besagte Aufforderung:

Liebe!

Liebe einfach!

Einfach nur lieben!

»Alles, was ihr tut, geschehe in Liebe.«[11]

Einfach nur lieben.

Ja, ich weiß, ich glaube, da sind wir uns alle einig: Wie soll das denn gehen? Da wären wir schon wieder bei der nächsten Frage. Und leider kann ich dir das nicht so genau sagen. Aber ich glaube, das ist der Weg, den wir gehen sollen. Lieben. Also, wie du siehst, haben wir vielleicht doch etwas, was wir tun können. Ich mein, ich erzähle dir hier, dass wir nichts tun sollen, und dann stelle ich selbst die Frage: Was können wir denn tun, um dahin zu kommen, nichts zu tun? Und die Antwort ist: lieben. Ja, das ist paradox, gebe ich zu. (Ich sage auch nicht, dass ich die Weisheit mit Löffeln gefressen habe. In meinem Kopf ist das auch ein bisschen durcheinander. Aber lies mal das Kapitel zu Ende, ich glaube, ich kann meine Gedanken zumindest nachvollziehbar erklären.) Aber ich glaube, das ist der Weg, wie wir zum Nichtstun kommen, wie wir uns ganz fallen lassen können. Indem wir anfangen, zu lieben. Natürlich gehört zu diesem Paket der völligen Hingabe auch das Vertrauen zu Gott und der Glaube an sich dazu. Das Vertrauen darauf, dass Gott es durchweg gut meint, und der Glaube daran, dass Gott durch Jesus ein für alle Mal unsere Schuld weggenommen hat. (Ey, wie oft bitte ich Gott um Vergebung meiner Sünden. Und das ist auch total gut, sich bewusst zu machen, was man falsch gemacht hat, keine Frage. Aber so oft checke ich nicht, dass mir bereits vergeben ist.) Aber der Aspekt der Liebe ist dabei meines Erachtens der, den wir *tun* können. Das andere ist eben eine Frage des Glaubens beziehungsweise Vertrauens. »Denn in Christus Jesus gilt weder Beschneidung noch Unbeschnittensein etwas, sondern der Glaube, der durch die Liebe tätig ist.« (Galater 5,6)

Während ich an diesem Kapitel hier saß, gab es diesen einen Abend, an dem ich mal wieder sündigte, mich mal wieder am Boden fühlte und verzweifelt war. Denn in den

Wochen zuvor kam mir immer mehr die Erkenntnis, dass es eben genau nicht darum geht, irgendwie die Sünde wieder gutzumachen oder durch gute Taten nun ein neuer Mensch zu sein. Ich habe das Gefühl, dass es oft sogar genau ins Umgekehrte geht. Wenn wir uns vornehmen: *Ab morgen werde ich nicht mehr sündigen, ab morgen werde ich ein guter Mensch, mit guten Taten, ein aufmerksamer Mensch und, und, und ...*, dann schaffe ich es meist nicht bis zum nächsten Mittag ohne Wutanfall oder nicht auszuflippen, weil mir schon wieder der Geduldsfaden reißt. Als ich also an diesem Abend verzweifelt war und ich mich nicht mal mehr an diese Hoffnung klammern konnte, dass ich jetzt den inneren Schalter also endlich umlege und ab morgen ein besserer Mensch werde, lief ich durch meine Wohnung, betete und fragte Gott: *Aber Gott, wenn ich das nicht tun kann, jetzt zu versprechen, dass ich alles ändern werde, was kann ich denn tun, um nichts zu tun, um dir damit näher zu kommen?!* Und als mir die Antwort in die Gedanken kam, musste ich mir einfach mit der Hand an die Stirn klatschen. Die Antwort war ja klar:

Lieben!

Ramón, du Idiot (also ich tu jetzt mal so, als würde Gott reden, wobei ich mir recht sicher bin, dass er mich nicht als Idioten bezeichnen würde, aber genau diese Antwort kam mir dabei in den Sinn)*, du schreibst gerade ein Buch, insbesondere gerade ein Kapitel darüber, was man tun kann, um mir näher zu kommen, gibst dabei schon die Antwort*

»nichts tun«, fragst dann, wie man zu diesem Nichtstun kommt und gibst in dem Buch eigentlich nur eine Antwort, und die heißt »lieben, lieben, lieben«, und du fragst mich, was du tun kannst? Na ja, die Antwort ist: Fang an zu lieben!

Mein Anspruch ist an sich, recht praxisnah zu bleiben und mich weniger in Theorien zu verlieren. Und keine Angst (oder je nach Typ: sorry), jetzt kommt keine wirkliche Theorie, aber ich will nur ganz sichergehen, dass du mich richtig verstehst, deshalb muss ich jetzt doch kurz einen kleinen roten Faden aufnehmen und hoffe, dass ich ihn nicht verliere.

Okay, fangen wir an.

Falls du jetzt denkst, dass, weil du liebst und weil du ein so guter Mensch bist, du bestimmt auch eine gute Christin beziehungsweise ein guter Christ bist und du somit Gott gefällst, dann muss ich dir sagen, dass das nicht richtig ist (meine Meinung!). Nein, es ist genau andersherum: Du gefällst Gott. Wir gefallen Gott, so wie wir sind. Am besten, wenn wir uns nicht verstellen, wenn wir nichts tun.[12] Und aus dieser Kraft heraus dürfen, können und sollen wir lieben.

Ich geb' dir mal ein Beispiel.

Wie kann sich diese Liebe ausdrücken?

Ich bin ja, also na ja, also, ich meine, zumindest gedanklich, immer noch ein recht junger Mensch. Und dazu bin ich Lehrer und ich versuche mir das Leben einfach zu machen. Und da kommt natürlich sofort das Thema *ChatGPT*, also künstliche Intelligenz, auf. Und ich habe Folgendes *Chat-GPT* einmal gefragt: *Wenn der Auftrag ist, zu lieben, wie könnte das denn in meinem praktischen Alltag aussehen? Was kann ich tun, um die Leute um mich herum zu lieben?*[13] Und hier nun die Antwort:

Ehrliche Kommunikation: Sei offen und ehrlich in deinen Gesprächen. Zeige Interesse an den Gedanken und Gefühlen anderer. Zuhören: Höre aktiv zu, wenn andere sprechen. Zeige, dass du ihre Meinungen und Gefühle wertschätzt. Sei freundlich und respektvoll: Kleine Gesten der Freundlichkeit können viel bewirken. Ein Lächeln, ein Kompliment oder einfach nur höfliches Verhalten zeigen, dass du andere schätzt. Zeige Wertschätzung. Verbringe Zeit miteinander. Sei hilfsbereit. Teile deine Freude. Akzeptiere Unterschiede. Selbstliebe. Sei authentisch.[14]

Mitunter treffen uns die Antworten hart. Wie soll ich dieses und jenes machen? Ich habe doch kaum Zeit. Ich habe doch vielleicht gerade keine Lust. Ramón hat in seinem Buch doch geschrieben, ich soll nichts tun. … Du verstehst? Aber das sind Dinge, die wir konkret umsetzen können: Per *WhatsApp* oder wie auch immer dem Menschen, den man besonders gernhat, ein Kompliment zu schreiben. Dem Kassierer an der Kasse einfach mal eine Freude zu machen, indem man vielleicht seinen Job würdigt. Oder ganz klassisch der Omi über die Straße zu helfen.

Aber jetzt kommt's: Mach das nicht, um dich dann zu loben und zu sagen, was für ein guter Mensch du bist. Sondern einfach, weil du doch schon geliebt bist. Wieso solltest du diese Liebe denn nicht weitergeben? »Darin besteht die Liebe: nicht dass wir Gott geliebt haben, sondern dass er uns geliebt hat und gesandt seinen Sohn zur Versöhnung für unsre Sünden. Ihr Lieben, hat uns Gott so geliebt, so sollen wir uns auch untereinander lieben.« (1. Johannes 4,10-11) Ja, liebe die Menschen, denen du begegnest. Behandle sie gut. Diese Beispiele von *ChatGPT* sind wunderbare Möglichkeiten, das umzusetzen. Aber es geht eben nicht darum, irgendwelche Dinge zu tun. Sondern darum, mit einem liebenden Blick Menschen anzuschauen. Echte Liebe zu leben. Dann kommen diese Handlungen von allein. Nimm dir also nicht vor, deiner besten Freundin ein Kompliment zu schicken, sondern sie durch wahrhaft liebende Augen zu betrachten. Der Rest ergibt sich. Das heißt also, dass diese Dinge von *ChatGPT* dann aus der Liebe kommen, aber die Liebe die Grundstruktur ist. Wenn es zu unserer absoluten inneren Haltung wird, anderen Menschen mit Liebe zu begegnen, die Welt nach dem Herzen Gottes zu betrachten, wie es mein Freund Valentin einmal so schön formuliert hat, dann bin ich mir ganz sicher, es wird sich etwas verändern. Es werden sich Dinge verändern. Sichtweisen werden anders. Sichtweisen werden klarer. Heißt nicht, dass alles super funktionieren wird. Heißt nicht, dass keine Sünde mehr kommt, keine Versuchung sich mehr einschleicht. Heißt nicht, dass wir allem locker widerstehen können. Aber es werden sich Strukturen ändern. Das ist der Anfang, das ist der Schlüssel: Liebe.

Sagt sogar die Bibel: »Und ich bete darum, dass eure Liebe immer noch reicher werde an Erkenntnis und aller Erfahrung, sodass ihr prüfen könnt, was das Beste sei, damit ihr lauter und unanstößig seid für den Tag Christi, erfüllt mit Frucht der Gerechtigkeit durch Jesus Christus zur Ehre und zum Lobe Gottes.« (Philipper 1,9-11) Auf dass unsere Liebe immer noch reicher werde!

Vielleicht hast du's jetzt. (Glückwunsch!) Vielleicht hab' ich dich total verwirrt. (Sorry!) Vielleicht nerv ich dich auch einfach nur mit dem Thema. (Ey, warum liest du dann dieses Buch? Vielleicht doch lieber einen guten Roman?)

Aber ich will noch einen letzten Versuch unternehmen, meinen Punkt deutlich zu machen (dann ist mein Gewissen beruhigt, alles versucht zu haben, um meine Gedanken korrekt hinauszuposaunen).

Lieben ist nicht die Antwort auf die Frage: Wie gefalle ich Gott? Sondern auf die Frage: Wie werde ich ein Mensch, der Gott gefällt? Das ist ein Unterschied. Das eine ist etwas Aktives: Wie gefalle ich Gott? Was kann ich tun? Das würde bedeuten, ich muss lieben, um Gott zu gefallen. Aber ich glaube nicht, dass das stimmt. Ich gefalle Gott, er liebt mich – so oder so. Und Gott hat Gefallen daran, wenn ich liebe. Ich glaube, wenn ich liebe, dann verändern sich meine Grundhaltung, meine Einstellung und damit auch meine Beziehungen. Und dann komme ich immer mehr dahin, dass ich nicht durch Anstrengungen versuche, irgendwie gut zu sein. Sondern, dann wird es gut. Und dann kann ich dahin kommen, nichts zu tun, mich nicht zu verstellen und somit Gott zu gefallen. Wenn sich meine Einstellung verändert, wenn sich meine Beziehungen positiv entwickeln, werde ich gelassener und bekomme immer weniger das Gefühl, etwas tun zu müssen. Lieben schafft Vertrautheit. Und wenn ich diese erlangt habe, kann ich locker werden, loslassen. Und genau so komme ich zum Nichtstun.

Jesus wird irgendwann mal nach dem wichtigsten Gebot gefragt.[15] Und seine Antwort? Liebe! (also, knackig zusammengefasst) Das Ding nennt sich auch *Doppelgebot der Liebe*.[16] Richtig gelesen: *Doppel*! Denn da heißt es (knackig zusammengefasst): Liebe Gott und liebe deine Mitmenschen. Das mit den Mitmenschen hatten wir ja jetzt schon, aber es gibt eben noch eine andere Komponente: Gott. Das heißt, neben dem, dass wir aus dieser Liebe Gottes heraus wahrscheinlich auch unseren Mitmenschen Gutes tun, sollen wir quasi auch Gott lieben. Das klingt nach Bedingung, oder? Das klingt nach: *Ich lieb dich nur, wenn du mich auch liebst.* Spricht man aber nicht immer von Gottes sogenannter bedingungs*loser* Liebe? Ich glaube, was damit gemeint ist, ist, dass wir unser Herz für ihn öffnen, ihm vertrauen, uns ihm ganz hingeben sollen. Erinnere dich an meine Sätze von eben: Ich glaube, wenn ich liebe, dann verändern sich meine Grundhaltung, meine Einstellung und damit auch meine Beziehungen. Wenn sich meine Einstellung verändert, wenn sich meine Beziehungen (auch zu Gott) positiv entwickeln, werde ich gelassener und bekomme immer weniger das Gefühl, etwas tun zu müssen. Lieben schafft Vertrautheit. Und wenn ich diese (Vertrautheit auch mit Gott) erlangt habe, kann ich locker werden, loslassen. Und genau so komme ich zum Nichtstun. Nichts tun also.

Nur hingeben. Wie eben das kleine Kind, das brabbelnd *Abba* sagt.

»Herz, worauf wartest du? Lieben kannst du sofort!«

(Johannes vom Kreuz)[17]

GEFALLEN

Letztens ging ich zu meinem Boss und sagte: »Wissen Sie, ich kenne jeden Menschen auf der Welt. Nennen Sie mir irgendwen und ich garantiere: Ich kenne ihn persönlich.« *So ein Spinner*, dachte sich mein Chef, aber er ging auf die Wette ein. Er sagte: »Na wie steht es denn mit Günther Jauch?« Ich antwortete: »Kein Problem, Chef. Kenn' ich seit Jahren.« Wir machten uns gleich auf den Weg nach Potsdam, sahen Günther Jauch in seinem Garten und ich rief: »Morgen, Günther. Na, alles frisch?« Günther Jauch rief zurück: »Ach Ramón, na, Lust auf ein Glas Wein?« Mein Chef dachte sich, das war reines Glück, also sagte er: »Okay, ein deutscher Promi ist ja einfach. Aber was ist denn mit Brad Pitt, kennen Sie den auch?« »Klar«, antwortete ich, und schon saßen wir im Flieger nach Los Angeles. Wir machten die Besuchertour in Hollywood und plötzlich hörten wir jemanden rufen: »Hi, Ramón. Was machst du denn hier? Komm doch heut zum Essen vorbei.« Es war Brad Pitt, der mich inmitten der Besuchermenge erkannt hatte und winkte. Mein Chef war sauer und wollte mir eins auswischen. Deshalb sagte er: »Na gut, Kollege. Dann kennen Sie vielleicht auch ein paar Leute in Hollywood. Aber was ist denn mit Papst Franziskus, hä?« Ich antwortete: »Ach, Franzl, kein Problem. Wir können gleich los.« Also flogen wir nach Rom und quetschten uns durch die Menschenmenge am Petersplatz. Ich sagte: »So wird das nichts, so sieht mich der Papst nie, zwischen den ganzen Leuten. Aber passen Sie auf, ich gehe rüber zum Wachposten, das sind alles alte Freunde, die lassen mich dann hoch auf den Balkon.« Ich rannte los und der Boss dachte sich: *Was für ein Spinner.* Eine halbe Stunde später stand ich tatsächlich mit dem Papst auf dem Balkon. Da sah ich, dass mein Chef zusammengeklappt war und von Sanitätern behandelt wurde. Ich lief schnell wieder hinunter zu meinem Chef und fragte, was passiert sei. Der Chef krächzte: »Das hat mir den Rest gegeben. Als Sie mit dem Papst auf dem Balkon aufgetaucht sind, hat der Mann neben mir gesagt: ‚Wer zum Kuckuck ist denn der Typ da neben Ramón?'«[1]

Okay, okay, erwischt. Das ist mir jetzt so ganz genau nicht passiert, aber dennoch will ich dir gern von meinem Leben erzählen. Denn ich sagte ja bereits, dass ich vielleicht so langsam ein bisschen was checke, wie das mit Gott läuft. Aber lass mich dir bitte zeigen, dass das alles andere als geradlinig ist.

Meine beste Freundin und ich schicken uns regelmäßig Sprachnachrichten hin und her und berichten uns gegenseitig von unserem Tag. In einem ganz kleinen Nebensatz wünschte sie mir irgendwann einmal, dass mein Tag schnell vorbeigehe. Es war jetzt kein besonders schlimmer Tag, einfach ein ganz normaler Alltagstag. Dieser Satz triggerte mich, er löste etwas in mir aus. Das berichtete ich ihr dann auch zurück. Interessanterweise sagte sie mir dann, dass sie, als sie den Satz in ihr Handy sagte, ebensolchen Gedanken dazu hatte: Ist das wirklich etwas, was man sich wünscht? Denn das würde bedeuten, dass auch der morgige Tag bitte schnell vergehen soll. Übermorgen ist ja auch wieder Alltag und hoffentlich geht auch der schnell vorbei …

Und irgendwann sind wir tot.

Aber wann leben wir eigentlich?

Was macht denn unser Leben aus?

Unser Leben besteht doch darin, dass wir jeden Tag gut leben. Sicherlich gibt es Tage, die unangenehmer sind, aber ich glaube, wenn ich in meinem Alltag Dinge regelmäßig tue, bei denen ich hoffe, dass sie schnell vorbeigehen, dann sollte ich definitiv etwas an meinem Alltag ändern. Denn das sollte nicht die Norm sein. Wenn wir immer nur hoffen, dass dieser oder jener Tag schnell vorbeigeht, dann kann man wirklich philosophisch fragen: Wann leben wir eigentlich?

Warum erzähle ich dir das? Okay, ich will ein Buch schreiben, da braucht es halt Inhalt. Aber es gibt auch noch einen anderen Grund: Es geht mir um mein, aber vielleicht auch um dein Leben. Ich möchte mit dir über ein Bild sprechen, das Gott mir eingab.

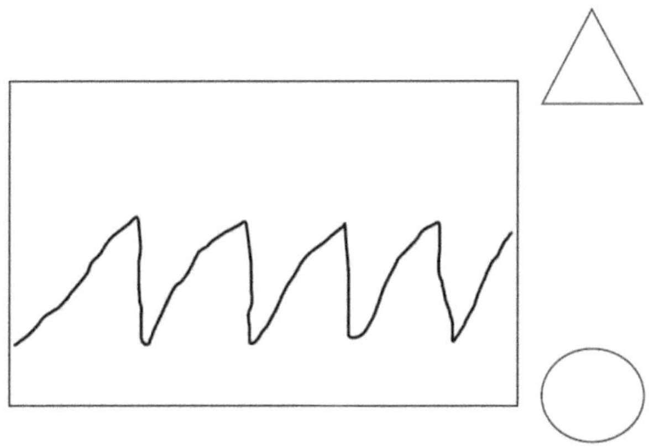

Was ist das? (Also falls du jetzt Vergleiche mit da Vinci oder Monet anstellen willst, kann ich dir das nicht verübeln. Aber ich möchte klarstellen, dass ich diese »Zeichnung« nicht extra für das Buch anfertigte, sondern lediglich meine Original-(Skizzen-)Zeichnungen von damals genommen habe, die als Vorlage für die Zeichnungen an der Flipchart im Gottesdienst dienten (die aber dann auch nicht besser aussahen).)

Also? Was ist das?

Das ist mein christliches Leben – zumindest ein sehr, sehr großer Teil davon. Und vielleicht ist es auch dein christliches Leben, oder vielleicht ist es dein Leben.

Es gibt diesen Moment, wenn man einfach so lebt, und dann kommt irgendein Tiefpunkt, irgendeine Sünde, die man begeht, wo man ganz unten ist, sich weit weg von Gott fühlt, sich elend fühlt.

Dann beschließt man: *Ich werde mein Leben ändern. Ich möchte weg von der Sünde, ich möchte wieder näher zu Gott.* Und das funktioniert in den ersten Minuten oder Stunden, vielleicht sogar Tagen, möglicherweise auch Wochen sehr gut. Doch dann komme ich irgendwann wieder an einen Punkt, der mich dazu veranlasst, wieder abzustürzen, mich dem Weltlichen hinzugeben. (Wird deutlich, dass das Dreieck für Gott und der Kreis für die Welt stehen soll? Falls nicht, will ich's nur mal erwähnt haben.) Und so geht es Jahr für Jahr, Tag ein, Tag aus.

Und dann bin ich manchmal in einer Phase, da sieht das Bild so aus:

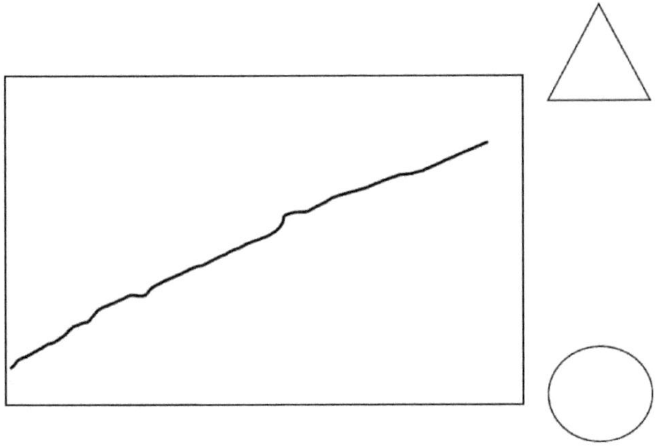

Ich bin irgendwo am Tiefpunkt, ich entscheide mich für ein Leben mit Gott. Ich sage mir: *Jetzt geht es richtig los, weg von der Sünde, hin zu Gott.* Und es scheint zu funktionieren. Über Tage, Wochen, vielleicht sogar Monate schaffe ich es, von dieser einen Sünde fernzubleiben. Doch irgendwann frage ich mich: *Wieso fühle ich mich nicht christlicher? Wieso bin ich nicht die ganze Zeit auf einem High? Ja, als Christin beziehungsweise Christ geht es mir nicht die ganze Zeit super. Aber warum fühlt es sich trotzdem irgendwie komisch, schwierig, anders an?* Dann stelle ich Folgendes fest:

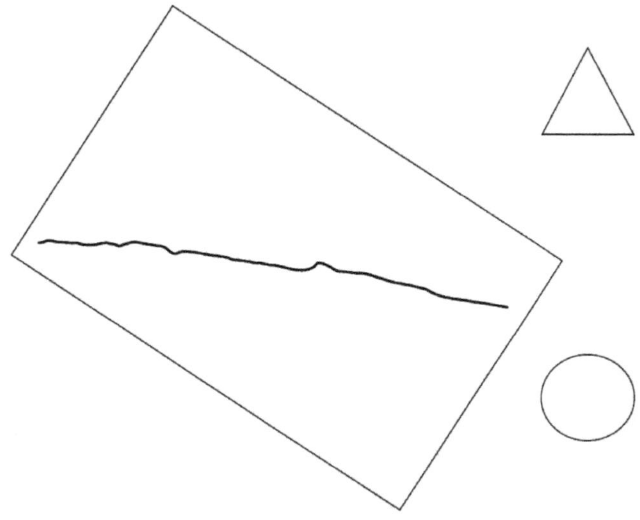

Mein ganzes Bild ist gekippt. Und obwohl ich vielleicht mehr oder weniger geradlinig unterwegs bin, gehe ich nicht in Richtung Gott. Es ist viel sukzessiver, viel heimlicher, wie ich mich von Gott entferne – und viel gefährlicher! Bei dem ersten Bild merke ich es relativ gut, wie ich von Gott wegkomme, und könnte ja zumindest versuchen, etwas dagegen zu unternehmen. (Ähm, erinnerst du dich an das vorherige Kapitel?) Doch bei diesem zweiten Bild bemerke ich es vielleicht erst recht spät.

Doch was ist die Lösung? Man könnte meinen, bei Bild 1 ist die Lösung, sich zu ändern, dann geht es doch wieder hoch (und dann bitte einfach nicht mehr scheitern!). Aber wenn du das vorherige Kapitel verstanden hast, bleibt dir nichts anderes übrig, als über diesen Ansatz lauthals zu lachen. Denn wie wir sehen, geht es bei diesem ersten Bild eben immer wieder runter. (Sorry, aber ich schätze, das ist menschlich.) Nein, die Lösung liegt in Bild 2. Also genau genommen im Übergang von Bild 3 zu Bild 2 (verwirre ich dich?): Ich muss das ganze Bild wieder geraderücken.

Es geht um die Ausrichtung. In dem gekippten Bild ist meine Ausrichtung weltlich, Richtung Dingen, die uns auf der Welt Spaß machen, die uns angeblich zufriedenstellen und uns glücklich zu machen scheinen. Doch wir müssen an dieser Stelle die Ausrichtung ändern, es muss wieder Richtung Gott gehen, damit es wieder bergauf und nicht bergab geht.

Nun stellt sich natürlich die Frage: Wie geht das?

Ich glaube, das Hauptproblem ist, dass wir uns an der Stelle, wo wir unten sind, sagen: *Ich ändere jetzt mein Leben, ich halte mich von der Sünde fern, ich möchte mich näher an Gott halten, ich möchte Radikalität, ich werde ein besserer Mensch, ich werde eine bessere Christin beziehungsweise ein besserer Christ.* Merkst du was? *Ich.* Wir versuchen es aus eigener Kraft. Wir sagen: *Ich lasse jetzt das, was mich von Gott trennt.* Und das funktioniert die ersten Male vielleicht auch ganz gut. Vielleicht funktioniert es sogar, wie in Bild 2, ein ganzes Stück weit sehr gut. Aber das wird uns nie zum Ziel führen. Zum Ziel führt uns nur eine Sache.

Also ja, es ist richtig zu sagen, ich konzentriere mich auf Gott. Ich möchte mich an sein Wort und seinen Willen halten. Aber die Lösung steckt nicht darin, dass ich versuche, es aus eigener Kraft zu schaffen, sondern darin, es Gott machen zu lassen.

Und falls du jetzt denkst: *Momentchen mal, hab' ich nicht genau so was Ähnliches schon im vorherigen Kapitel gelesen? Wiederholt der Typ sich nur?* Dann muss ich dir sagen: Ja, gewissermaßen schon. Denn von dem, was ich dir bisher erzählt habe, bin ich zutiefst überzeugt. Wäre ja Quatsch, wenn ich mir an dieser Stelle nun widersprechen würde.

Das, was ich bisher gesagt habe, ist die Grundlage: Der Schlüssel für ein Leben mit Gott ist meines Erachtens das Aufgeben. Es geht darum, alles in Gottes Hände zu legen, ihn walten zu lassen und ihn zu bitten, uns zu verändern, anstatt zu versuchen, uns selbst zu verändern. Das ist eine sehr wichtige Perspektive. Unsere normale Perspektive in Schule, Arbeit, Alltag ist, dass wir etwas tun müssen. Ich muss für die Mathearbeit lernen, um eine bessere Note zu bekommen. Ich muss freundlicher zu meiner Freundin oder meinem Freund sein, damit unsere Beziehung wieder besser läuft. Und das stimmt auch, aber das funktioniert nicht bei einem Leben mit Gott. Das funktioniert nur bei weltlichen Dingen. Hier kann das Göttliche mit einbezogen werden: Ja, eine gute Beziehung ist natürlich von Gott gewollt, und dafür muss ich auch etwas tun. Versteh mich nicht falsch, es geht nicht darum, dass ich nicht selbst aktiv werden soll. Aber das Grundlegende, das große Ganze, kann ich nicht aus eigener Kraft erreichen. Ich kann die richtige Ausrichtung anstreben, aber dass wirklich eine Veränderung geschieht, das liegt nicht in meiner Hand, das geschieht durch Gott.

Es wird allerdings nicht funktionieren, dass ich mich hinstelle und darauf warte, dass Gott etwas verändert. Nein, ich muss gewissermaßen auf Gott *zugehen*. Ich muss es Gott überlassen. Vielleicht klingt das für dich jetzt nach einem Widerspruch: Einerseits spreche ich davon, nichts zu tun, sich einfach fallen zu lassen. Andererseits sage ich nun, dass nichts passieren wird, wenn du dich einfach nur hinstellst und auf Veränderung wartest. Ich versuche es zu erklären …

Veränderung geschieht nicht einfach so. Ja, du musst etwas tun. »Bittet, so wird euch gegeben; suchet, so werdet ihr finden; klopfet an, so wird euch aufgetan.« (Matthäus 7,7) Es heißt also nicht, dass wir Gott einfach so finden werden, sondern wenn wir ihn suchen, werden wir ihn finden (denk an mein Paket der völligen Hingabe aus dem vorherigen Kapitel, das neben der Liebe auch das Vertrauen und den Glauben beinhaltet). Es ist ganz klar, dass wir aktiv werden müssen, aber Achtung (!!!): Das, was wir tun müssen, ist unser Herz zu öffnen. Okay, verwirrend? Dieses Mal ist es andersherum. Im vorherigen Kapitel schrieb ich: *Tu nichts!* und meinte ehrlicherweise: *Gib dich Gott ganz hin!* An dieser Stelle sage ich: *Tu etwas!* Und meine ehrlicherweise: *Lass Gott in dein Herz!* Du siehst, es ist das Gleiche, ich widerspreche mir nicht (puh, Glück gehabt). Öffne dein Herz, dann wird Gott eintreten. Wir müssen Gott einziehen lassen. Gott ist kein Einbrecher, der die Tür zu unserem Herzen aufbrechen wird, um hereinzukommen. Nein, Gott tritt gerne ein, aber nur, wenn wir ihm die Tür öffnen.

Das Schwierige dabei ist, dass das Türöffnen allein nicht reicht. Wir müssen auch bereit sein, uns verändern zu lassen. Ich kann nicht sagen, dass ich einen muskulöseren Körper möchte, aber keinen Sport treiben will. *Zehn Minuten in der Woche, okay, dafür bin ich bereit, aber mehr bitte nicht!* Sorry, dann wird es keine Veränderung geben. Ich muss bereit sein für das, was Gott mit mir vorhat. Ich kann nicht sagen, dass ich ein gottgefälligeres Leben führen möchte, dass ich möchte, Gott möge mir den Weg zeigen, und dann eine E-Mail mit einer Einladung zu einem Gottesdienst oder einem Gemeindeabend ignorieren und löschen, weil ich keine Lust darauf habe. Wenn Gott mir so deutlich einen Weg zeigt und sagt: *Schau mal hier, vielleicht bringt das Veränderung, weil du dich mit anderen über den Glauben austauschen kannst*, dann funktioniert das nur, wenn ich auch bereit bin, mich verändern zu lassen. Und dazu gehört dann eben auch, aktiv zu werden. Wenn ich nicht offen bin für Gottes Willen, der oft anders ist als unser eigener, wird das nicht funktionieren. Du kannst keine gute Beziehung zu deiner Partnerin oder deinem Partner führen, wenn du dich nicht auf die andere Person einlässt. Und anders als bei uns Menschen, die wir uns vielleicht irgendwann gegenseitig aufgeben, versucht es Gott immer wieder. Wenn du die E-Mail löschst, kommt vielleicht nächste Woche die nächste. Gott dreht sich nicht einfach um und sagt: *Na, dann war's das halt.* So machen wir Menschen es manchmal, aber Gott versucht es immer wieder. Gott ist wie so ein Navigationssystem. Wenn wir irgendwo in die falsche Richtung fahren, dann wird das Navi auch nicht einfach sagen: *So, das war's, aussteigen, Auto abfackeln.* Nein, es wird sagen: *Dreh wieder um, fahr links, dann rechts.* Wir fahren einen kleinen Umweg, aber wir kommen ans Ziel. Doch wenn wir immer wieder ablehnen und unseren eigenen Willen tun (wollen), wenn wir nicht bereit sind, unsere Komfortzone zu verlassen – denn ich glaube, Gott möchte oft, dass wir unsere Komfortzone verlassen – dann wird es schwierig. Gott weiß, was er tut, auch wenn es uns vielleicht nicht immer sofort zu gefallen scheint. Wir müssen bereit sein.

Tja, aber woher weiß ich, was Gott von mir möchte? Wie komme ich konkret dahin, mein Herz zu öffnen, mich auf ihn einzulassen? Auch hier habe ich nicht die perfekte Lösung, aber ich glaube, der Schlüssel liegt – genau wie mit deiner Partnerin oder deinem Partner auch – darin, sich mit Gott zu beschäftigen. Sein Wort zu lesen, es zu studieren (nein, nicht unbedingt ein Theologiestudium, aber vielleicht bei unverständigen Dingen genauer nachzuforschen), mit ihm zu sprechen, zu beten, sich Zeit für ihn und mit ihm zu nehmen und allmählich seinen Willen zu erkennen – ihn kennenzulernen. Ich glaube fest daran, dass darin der Schlüssel liegt. Ich muss mich mit Gott beschäftigen, wenn ich möchte, dass er eine Rolle (die Hauptrolle) in meinem Leben spielt. (»Gott spielt in meinem Leben keine Rolle - er ist der Regisseur«[2] – Hab' ich, glaub' ich, irgendwann mal auf einem Autoaufkleber gelesen. Den Spruch finde ich bis heute gut.)

Ich kann kein Fußballprofi werden, indem ich einfach nur sage: *Ich werde Fußballprofi, aber nie Fußball spiele*. Ich muss trainieren, mich einem Verein anschließen, mich beweisen und spielen – mich also damit beschäftigen. Dann kann es klappen. Zugegebenermaßen ist es nicht ganz einfach, ein Fußballprofi zu werden (ich brauche Talent und sicherlich werden ein paar hilfreiche Beziehungen auch nicht schaden), aber ein Leben mit Gott zu führen, das kann jede und jeder *schaffen*. Wir müssen nur bereit dafür sein. Wenn wir wirklich Veränderung zulassen, wenn wir es ernst meinen und sagen: *Gott, ich bin bereit, dass du mich änderst – ich schaffe es nicht aus eigener Kraft, nur mit dir und durch dich*, dann wird Veränderung geschehen. Dann wird das Bild allmählich wieder geradegerückt. Dann werden wir uns immer mehr auf Gott ausrichten. Es wird nicht immer alles perfekt sein, nicht alles wird ständig gut laufen, aber es wird gut werden, richtig gut.

Zum Schluss kommt hier noch ein Gebet. Vielleicht hilft es dir, solltest du keine eigenen Worte finden:

Gott, lass mich erkennen, dass nicht ich mich ändern kann, sondern dass nur du das schaffst. Gott, bitte verändere mich. Hilf mir, dass ich jetzt mein Herz für dich öffne, damit du eintreten kannst. Hilf mir, loszulassen. Die Dinge, an denen ich hänge, loszulassen. Hilf mir, bereit zu sein, deinen Willen zu tun. Ich schaffe es nicht aus eigener Kraft, ich schaffe es nur mit dir und durch dich. Hilf mir, meinen Fokus auf dich zu legen. Hilf mir, mich von Dingen, die mich belasten, die mich von dir trennen, von Sünde fernzuhalten. Nimm sie von mir und bitte hilf mir, mich immer wieder neu auf dich auszurichten. Amen.

»Sie leben noch 'ne ganze Weile, Ron. Sie sollten Ihre Lebensweise radikal ändern. Ich mein', der Kern des menschlichen Wesens bildet sich aus neuen Erfahrungen.«

(aus dem Film »Into the Wild«)[3]

NOCHMAL

Ich habe keine Ahnung, ob das aus den beiden vorherigen Kapiteln zu verwirrend war oder ob du mir doch folgen kannst. Das ist vielleicht auch das Problem, wenn man allein so ein Buch schreibt. Nicht umsonst heißt es wohl: *Gemeinsam ist man stark.* Aber mir ist es wichtig – vielleicht sogar einfach auch für mich selbst –, Gedanken sortiert zu haben, und deshalb hier eine ganz grobe Zusammenfassung, wie für mich die eben besprochene Grundlage und die einzelnen Schlüssel und Wege miteinander zusammenhängen.

Wie komme ich dahin, Gott zu gefallen? Gar nicht, denn ich muss, kann und werde es nicht aus eigener Kraft schaffen. Warum? Weil ich Gott bereits gefalle. Genau deshalb kann, soll und darf ich mich ihm ganz hingeben. Dafür muss ich nichts tun. Die Lösung wiederum, um zu diesem Nichtstun, zu dieser völligen Hingabe zu kommen, ist zu lieben.

Um aber überhaupt die Veränderung hin zu einem Leben mit Gott zu erfahren, muss ich etwas tun, nämlich mein Herz öffnen und bereit sein, mich verändern zu lassen. Damit ich sozusagen weiß, in welche Richtung die Veränderung gehen soll, wo Gott mich quasi haben möchte, sodass ich an seinem Reich bauen kann (dazu im nächsten Kapitel mehr) und um ihm näher zu sein (um mich eben schlussendlich verändern zu lassen, um mich ihm ganz hinzugeben), muss ich ihn kennenlernen. Wie? Ganz einfach: Ich muss mich mit Gott beschäftigen, durch Gebet und Zeit mit ihm.

Okay, ich hoffe, diese kleine Zusammenfassung bringt ein wenig mehr Klarheit.

Das heißt, wir hatten jetzt, wenn man so will, die Grundlagen von Allem, die aus ziemlich viel Nichtstun, Lieben und Zeitinvestition besteht. Wenn ich als Köchin beziehungsweise Koch die Grundlagen habe, dann kann ich anfangen, zu kochen. So ähnlich sehe ich es hier auch: Wenn man die Grundlagen mit Gott hat, kann es an die Arbeit gehen. Let's go!

»Wenn du nicht wächst, verrottest du.«
(aus der Serie »You: Du wirst mich lieben«)[1]

ARBEIT

Okay, cool. Quintessenz aus den vorherigen Kapiteln: Nichtstun. Dich einfach nur hingeben. Lieben. Dein Herz öffnen. Zeit mit Gott verbringen. Super. Das klingt easy. Na ja, wobei wir schon feststellten, dass das alles andere als *easy* zu sein scheint. Und jetzt kommt auf einmal das Thema *Arbeit*. Okay, ja, ist paradox, gebe ich zu, aber lass es mich erklären.

Arbeit ist nicht gleich Arbeit. Wir alle kennen es – es ist kein Thema, das niemanden interessiert. Vielleicht möchtest du, während du gemütlich ein Buch liest, nichts damit zu tun haben, und das verstehe ich. Aber ich möchte dir zeigen, dass Arbeit vielleicht gar nicht immer so nervend ist, wie man es möglicherweise oft empfindet. Und was es mit Gott zu tun hat, klären wir nebenbei auch noch.

Um dem Ganzen näher zu kommen, sollten wir an dieser Stelle den Begriff der *Arbeit* genauer definieren. Ich habe hierfür zwei Definitionen gefunden. Erstens: »eine planvolle Tätigkeit, mit der man Ergebnisse bewirkt oder Produkte schafft«[1] und zweitens: eine »Zielgerichtete, soziale, planmäßige und bewusste, körperliche und geistige Tätigkeit.«[2] Diese beiden Definitionen haben zwei Gemeinsamkeiten. Die eine Gemeinsamkeit ist, es handelt sich um eine Tätigkeit – es ist nichts Passives, sondern Aktives. Die zweite zeigt, dass es immer ein Ziel gibt – sei es, Ergebnisse zu bewirken oder Produkte zu schaffen oder eben einfach an sich zielgerichtet zu sein.

In der Bibel gibt es einen Text, in welchem es nicht direkt um Arbeit oder den Job geht, sondern um unser Leben nach der Berufung. Aber Arbeit macht nun mal einen Großteil unseres Lebens aus. Wenn ich jemanden kennenlerne, frage ich oft nach dem Beruf, weil er uns, da er meist so viel von unserer Zeit beansprucht, in gewisser Weise auch definiert. Das sage ich auch meinen Schülerinnen und Schülern: Sucht euch etwas, das euch Spaß macht, denn es wird euch sehr lange beschäftigen.

Ich möchte anhand von drei Versen aus diesem Text drei Punkte verdeutlichen. Der Rest des Textes ist nicht uninteressant, aber gerne möchte ich mich auf diese drei Verse konzentrieren. Sie stammen aus dem 1. Korintherbrief, Kapitel 7, und es sind die Verse 17, 20 und 24:

»Grundsätzlich sollen alle sich nach dem Maß richten, das der Herr ihnen zugeteilt hat; das will sagen: Alle sollen an dem Platz bleiben, an dem sie waren, als Gott sie berief. Diese Anweisung gebe ich in allen Gemeinden. Alle sollen Gott an dem Platz dienen, an dem sein Ruf sie erreicht hat. Ihr alle, Brüder und Schwestern, sollt also an dem Platz bleiben, an dem ihr wart, als Gott euch berief, und ihr sollt diesen Platz so ausfüllen, wie es Gott gefällt.«[3]

Es geht also darum, ob ich als Christin beziehungsweise Christ nach meiner Berufung alles hinter mir lassen – auch meinen Job – und mich ausschließlich auf Gott konzentrieren sollte.

Als ich diese Stelle einmal las, war ich gerade auf der Suche nach einem Job. Ich stand am Ende meines Soziologiestudiums und musste nun irgendwo Geld verdienen. Ich hatte nicht so richtig Ahnung, was ich mit meinem Leben anfangen wollte. Ich war studentische Hilfskraft am Institut für empirische Sozialforschung, arbeitete also mit Zahlen. Mein Professor, ein wirklich toller Mann und eine große Hilfe, hatte mir viel beigebracht. Doch ich stellte mir die Frage nach der Sinnhaftigkeit seiner Arbeit. Sicher, er hatte gelehrt, Bücher geschrieben und viele Zahlen analysiert. Aber was war das Ergebnis? Das, was er veröffentlichte, was die Wissenschaft den ganzen Tag machte, reichte mir in meinen Augen nicht. Auf der anderen Seite sah ich in meinem Umfeld Menschen, die – in meinen Augen – eine handfeste und sinnvolle Tätigkeit ausübten. Ein Arzt erzählte mir beispielsweise, dass er eine Operation durchgeführt und damit gewissermaßen ein Leben gerettet hatte. Das war etwas Sinnvolles, dachte ich für mich (aber für Medizin war es zu spät und ich kann bis heute kaum Blut sehen – tendenziell schlechte Voraussetzungen für beispielsweise eine Operation am offenen Herzen oder so).

Also gab ich bei der Jobsuche im Internet die Stichworte *Jugendarbeit* und *christlich* ein (zwei Dinge, die ich als sinnvoll empfinde) und fand einen wunderbaren Job in einem Internat. (Ich sag mal so: Fürs PlayStation-Spielen bezahlt zu werden, ist nicht das Schlechteste, was einem passieren kann.) Menschen, die einen Sinn in ihrem Job finden, sind leistungsfähiger und engagierter.[4] Und genau das ist der Punkt: Es geht darum, dass man einen Sinn in SEINER Arbeit sieht, nicht darum, dass die Arbeit objektiv gesehen sinnvoll ist. (Außerdem, wer entscheidet bitte, was sinnvoll ist und was nicht?) Die Frage: *Wie sinnvoll ist meine Arbeit wirklich?*, begleitet mich bis heute. Mittlerweile bin ich Lehrer. Ich bringe Jugendliche voran, bin ein Vorbild (*hüstelhüstel*). Es gab ein, zwei Schlüsselerlebnisse, in denen ich Kindern sicherlich in gewisser Weise helfen konnte – also um genauer zu sein: Gott durch mich. Doch im Alltag ist meine Tätigkeit nicht immer die sinnvollste. Aber für mich persönlich ist es sinnvoll. Ich möchte hier betonen, dass ich andere Berufe nicht schlecht machen möchte. Forschung ist ohne Zweifel wichtig und sinnvoll. Mein Professor sieht vielleicht (und ich hoffe, dass das so ist) einen sehr, sehr großen Sinn in seiner Arbeit, und das ist auch gut so. Ohne Ziel, ohne Sinn, ohne Ergebnis wird Arbeit zu einer mühseligen Angelegenheit. Sie kann ohnehin schon oft mühselig sein, aber wenn wir einen Sinn erkennen, wenn wir ein Ziel vor Augen haben, dann bekommen wir die Motivation, die uns antreibt.

Jetzt stellt sich natürlich die Frage: Wie sehe ich das als Christin beziehungsweise Christ? Reicht es, wenn der Job sinnvoll ist? Paulus sagt: Bleibt da, wo ihr seid. Natürlich wird an anderer Stelle deutlich gemacht, dass, wenn es etwas Schlechtes ist, das wir tun, wir damit aufhören sollen. In Epheser 4,28 heißt es: »Wer gestohlen hat, der stehle nicht mehr, sondern arbeite und schaffe mit eigenen Händen das nötige Gut, damit er dem Bedürftigen abgeben kann.« Aber lass uns bitte mal ganz fromm davon ausgehen, dass es um einen Job geht, der nichts Gesetzloses oder *Anti-Göttliches* beinhaltet.

Zurück zu unserem Text: »Alle sollen an dem Platz bleiben, an dem sie waren, als Gott sie berief.«[5] Das bedeutet nicht, dass alle Missionarinnen und Missionare werden sollen. Denn wenn alle missionieren würden, wer würde dann die Missionsreisen bezahlen und wer bliebe zum Missionieren übrig? (Darüber schon mal nachgedacht?) Aber ich denke, Paulus meint noch etwas anderes. In 1. Korinther 10,31 sagt er: »Ob ihr nun esst oder trinkt oder was ihr auch tut, das tut alles zu Gottes Ehre.« Es geht darum, dass wir unsere Tätigkeit, also unsere Arbeit, zur Ehre Gottes tun. Wir sollen nicht alles stehen und liegen lassen und nur noch Gott ehren, sondern Gott mit dem und durch das, was wir tun, ehren. Wechsel nicht deinen Job, nur weil du zu Gott gefunden hast (es sei denn, es handelt sich um eine sündhafte Tätigkeit – muss ich das nochmal erwähnen?). Um Gott zu dienen, müssen wir uns nicht von der Welt lossagen, sondern wir sollen alles, was wir tun, zur Ehre Gottes tun. In meinem Job als Lehrer sind das oft ganz kleine Dinge. Es gibt Kinder, die richtig nerven (ehrlich, glaubst du mir vielleicht nicht, aber ist wirklich so) Da könnte ich ausflippen, tue es aber nicht (*Pause*) immer. Stattdessen bemühe ich mich, auch zu diesen gut und fair zu sein. Das gelingt nicht immer, aber ich versuche, etwas zur Ehre Gottes zu tun, Liebe zu zeigen, auch wenn es schwerfällt.

Zurück zur Frage: Reicht es, wenn der Job sinnvoll ist? Für mich persönlich: ja. Die Art des Jobs ist dabei völlig egal. (Völlig? Na ja, du verstehst schon.) Ich soll ihn zur Ehre Gottes ausführen. »Es geht nicht darum, unser eigenes Reich zu bauen, es geht um das Reich Gottes.«[6] Im Vaterunser beten wir: »Dein Reich komme. Dein Wille geschehe wie im Himmel so auf Erden.« (Matthäus 6,10) Lasst uns am Reich Gottes arbeiten! Und dazu braucht es Ärztinnen und Ärzte, genauso wie Leute von der Müllabfuhr, Reinigungsdienste, Hausmeisterinnen, Postboten und viele andere.

Ich sagte eben, dass, wenn wir einen Sinn erkennen, wenn wir ein Ziel vor Augen haben, dann bekommen wir die Motivation, die uns antreibt. *Wirklich?* (Ey, fang an, mich kritisch zu hinterfragen!) Nur das? Was ist denn mit Geld? Motiviert das nicht auch? Antwort: Klar! Ein Job ohne Bezahlung? No way! Aber ich denke, das macht einerseits den Job nicht aus (Moment, da komme ich gleich zu) und andererseits reicht es nicht aus. Wenn ich für eine Arbeit wahnsinnig gut bezahlt werde, sie aber wirklich nicht gern ausführe, dann mache ich sie vielleicht eine Zeit lang. Aber erstens glaube ich nicht, dass ich da dauerhaft wirklich leistungsfähig und engagiert bin, und zweitens denke ich, dass das auf Dauer nicht gut geht, denn glücklich werde ich dadurch bestimmt nicht.

Interessant ist, dass in den Definitionen von *Arbeit* zu Beginn dieses Kapitels kein Wort von Bezahlung vorkommt. Arbeit scheint also nichts mit Bezahlung im klassischen Sinn zu tun zu haben. Hier noch einmal die zweite Definition: »Zielgerichtete, soziale, planmäßige und bewusste, körperliche und geistige Tätigkeit.«[7] Wenn ich dich frage, wie viele Stunden du in der Woche arbeiten gehst, würdest du mir wahrscheinlich deine Vertragsarbeitszeit nennen (plus deine kaum zählbaren Überstunden natürlich). Glaub' ich dir nicht. Ich kenn dich zwar nicht, aber glaub' ich dir nicht. Wenn ich an die Leute in meiner Gemeinde denke, an die Menschen in meinem Umfeld, in meiner Familie, dann glaube ich das nicht. Ich habe lange Zeit auch immer gedacht, ich arbeite eben meine so und so viele Stunden die Woche, so wie ich halt angestellt bin. Aber dann habe ich selbst mal eine Predigt dazu gehört[8] (ihr seht, ein Muster): Arbeit ist nicht nur das, wofür du monatlich von irgendeinem Konzern einen gewissen Betrag auf dein Konto überwiesen bekommst. Arbeit ist so viel mehr. Jede und jeder, die oder der beispielsweise ehrenamtlich arbeiten geht, geht arbeiten. Wir haben bei uns in der Gemeinde das sogenannte *Nordcafé*, ein Begegnungscafé für geflüchtete Menschen, die dienstagnachmittags dorthin kommen können, um Deutsch zu lernen, um Hilfen für den Alltag zu bekommen oder einfach nur Begegnung zu erfahren. Wenn ich an all die engagierten Helferinnen und Helfer denke, die dort jede Woche aufs Neue unterwegs sind, dann sage ich: Die haben Dienstag einen Arbeitstag – teilweise zusätzlich zu ihrem bezahlten Job. Es ist schön, wenn sie es nicht als Arbeit empfinden. Das geht mir ja genauso. Alles, was ich nicht für meinen eigentlichen – monetären – Arbeitgeber mache, fühlt sich für mich nicht wirklich nach Arbeit an. Das ist gut so. Aber ich habe begriffen: Es ist Arbeit.

Ich erzähle das nicht, um gut dazustehen, aber es ist einfach eine Tatsache. Arbeit ist viel mehr als das, wofür ich

Geld bekomme. Einen Lohn bekomme ich immer: Anerkennung, Freude, das Gefühl, etwas Gutes getan zu haben. Aber wo steht in der Bibel, dass Arbeit nur das ist, wofür ich Geld bekomme? Klar, Arbeit sollte meinen Lebensstandard finanzieren: »Ihr wisst doch selbst, wie ich bei euch gelebt habe. Das muss euch ein Vorbild sein. Ich habe mich nicht vor der Arbeit gedrückt und bei niemand umsonst mitgegessen. Ich habe keine Mühe gescheut und habe Tag und Nacht für meinen Lebensunterhalt gearbeitet, um keinem von euch zur Last zu fallen.« (2. Thessalonicher 3,7-8)[9] Aber Arbeit ist so viel mehr.

Der letzte der drei Verse aus dem Korintherbrief fasst es schön zusammen – hier zur Erinnerung: »Ihr alle, Brüder und Schwestern, sollt also an dem Platz bleiben, an dem ihr wart, als Gott euch berief, und ihr sollt diesen Platz so ausfüllen, wie es Gott gefällt.«[10] Der (Arbeits-)Auftrag ist klar: Lasst uns am Reich Gottes mitbauen! Und genau dafür braucht es Verschiedenartigkeit. Wenn es beim Hausbauen nur Glaserinnen und Glaser gäbe, hätten wir tolle Fenster, aber der Rest? Gäbe es überhaupt ein Haus für die Fenster? Wenn Gott möchte, dass wir alle Missionarinnen und Missionare werden, dann würde er schon dafür sorgen und uns trotz unseres freien Willens zumindest immer wieder darauf hinweisen. Für manche ist das bestimmt vorgesehen. Wenn du spürst, dass Gott dich wirklich als Missionarin oder Missionar in ein fernes Land oder in den Nachbarort senden will oder du ein Theologiestudium beginnen sollst, dann geh mit Gott ins Gespräch. Frage ihn, hör ihm zu – er wird dir das schon mitteilen. Und selbst, wenn er es will und du es dann nicht machst, findet er eine Alternative. Aber nicht jede und jeder muss eine christliche Laufbahn einschlagen.

Früher, als es so daran ging, was man denn mal beruflich machen möchte, kam mir die Idee, Theologie zu studieren. Ich fand es irgendwie prestigeträchtig, wenn mich jemand fragen würde, was ich denn so mache, und ich könnte sagen: *Ich werde Pfarrer* (übrigens einer der Gründe, weshalb ich mal zwei – also zumindest offiziell zwei – Semester Jura studierte). Eines Abends war ich in der Jungen Gemeinde – also ein Jugendtreff meiner damaligen Gemeinde – und dort hielt ein Pfarrer im Ruhestand ein Thema. Ich weiß nicht mehr, worum es ging, und ich kann auch den Wortlaut nicht mehr wiedergeben, aber er sagte dann (inhaltlich) den Satz: *Wenn du Pfarrer werden möchtest, dann sei dir sicher, dass Gott das will und nicht nur du.* Okay, damit hatte sich das für mich erledigt. Mit Mitte dreißig kam bei mir wieder die Überlegung auf, in die Theologie zu gehen. Zum einen bekam ich kurz nochmal Bock auf Studieren, zum anderen war ich zu der Zeit so richtig in der Gemeinde angekommen – wir waren ein Jahr vakant, hatten also keine leitende Pastorin beziehungsweise keinen leitenden Pastoren, und ich übernahm in dieser Zeit ein paar leitende beziehungsweise organisatorische Aufgaben. Ich predigte auch häufiger und irgendwie kam dann der Gedanke, ob nicht vielleicht jetzt der Pastorenberuf etwas für mich wäre. Ich führte sogar ein Gespräch über eine mögliche Ausbildung mit unserem Superintendenten. Allerdings passte die ganze Sache dann doch nicht in mein Lebensbild mit Job, Gemeinde und Familie. Und dann las ich zu der Zeit die Apostelgeschichte, also die Anfänge der Gemeinden und der christlichen Kirche. Wenn man diese Apostelgeschichte liest, wird etwas klar – oder zumindest habe ich es so verstanden (und sicherlich überspitze und vereinfache ich das jetzt, aber ich will es auf den Punkt bringen): Pastorinnen und Pastoren organisieren eine Gemeinde. Sie sorgen dafür, dass alles läuft, verkünden das Evangelium, klar. Und dann ziehen sie weiter. Die Gestaltung, die Arbeit vor Ort übernehmen die Laiinnen und Laien, die Gemeindeglieder. Und gerade bei uns in der methodistischen Kirche ist es so, dass wir wirklich viel gestalten und bewegen können. Das fand ich von Anfang an so toll. Ich komme ursprünglich aus der evangelischen Landeskirche, und ich hab' mich zwar früher dafür nicht wirklich interessiert, aber in meiner Erinnerung war es dort eher schwierig, für eine Laiin beziehungsweise einen Laien mal auf der Kanzel zu stehen und zu predigen. Als meine Frau und ich dann in Leipzig ankamen und eine Gemeinde suchten und wir über meinen Schwager zu den Methodisten kamen (meine Frau war quasi schon immer methodistisch), dauerte es in meiner Erinnerung nicht lange, bis ich mal fragte, ob ich hier denn auch mal predigen dürfte und schwupp, stand ich da vorne.

Also: Nicht jede und jeder muss eine christliche Laufbahn einschlagen. Am Reich Gottes kann ich als Taxifahrerin, Buchhalter, Maurerin, Krankenpfleger oder in einem anderen Beruf bauen. Das, was ich tue, soll ich zu Ehren Gottes machen. Wozu bin ich oder wozu bist du berufen?

Vielleicht ja zur Mechatronikerin, Bäcker, Lehrerin. Vielleicht bist du genau dahin berufen, wo du jetzt bist. Und vielleicht sollst du genau in diesem Stand Gott die Ehre geben. Vielleicht auch nicht – frag Gott. Wenn wir Gott bei all unseren verschiedenartigen Tätigkeiten immer wieder im Blick behalten und ins Zentrum stellen, nach ihm fragen und seinen Willen tun, wird das uns und die Menschen um uns herum erfüllen, begeistern und guttun – trotz Arbeit.

Wer mich kennt, weiß, ich mag Filme. Das lasse ich auch in Predigten immer mal wieder durchscheinen. Einmal meinte sogar eine Frau aus meiner Gemeinde, dass immer, wenn ich predige, man so schön einen Liedtext oder ein Filmzitat bekommt (du siehst also, wie mein Ruf in der Gemeinde ist). Das sagte sie, als ich eine Predigt bereits vorbereitet hatte, die es auf die Spitze treiben sollte. Da ließ ich nämlich quasi einen Film sprechen. Ein Film wurde zur Predigt, weil der Film an sich eine Predigt ist. Es geht um den Film *Not a Fan: Die Geschichte eines Nachfolgers*[11]. Ich sah diesen Film, da mich die Story ansprach: Ein erfolgreicher Geschäftsmann erkennt Jesus und folgt ihm recht kompromisslos nach. Es geht vor allem um die Glaubenstaten. Und deshalb auch der Titel: *Not a Fan*. Wir sollen kein Fan von Jesus sein – das ist zwar toll, aber das reicht nicht aus. Wir sollen Nachfolgende sein, nicht nur Fans.

Not a fan ist eine amerikanische Initiative um Pastor Kyle Idleman. Es geht darum, dass sonntags teilnahmslos im Gottesdienst zu sitzen nicht ausreicht, um Jesus mit ganzem Herzen nachzufolgen.[12] Das ist ziemlich witzig, denn diese Initiative entstand, da Idleman eine Predigt zu Ostern halten wollte, die so gut ist, dass die Leute, die eben nur zum Osterfest in die Kirche kommen, auch danach wiederkommen. Er wollte Quantität, merkte dann aber, dass es Jesus nicht um Quantität, sondern um Qualität ging.[13]

Dieser Pastor spielt auch den Pastor im Film. Und im Grunde hält dieser eine lange Predigt, die sich direkt an die Zuschauenden richtet.[14] Und so habe ich schließlich – nicht den ganzen Film – aber doch den ersten Teil dieser *Predigt* in meiner Predigt wiedergegeben. Wortwörtlich – weil ich es besser nicht hätte sagen können. Das werde ich an dieser Stelle nicht tun (keine Angst, aber schau dir den Film gern an), da es auch mit dem Kapitel nicht ganz so viel zu tun hätte. Am Ende meiner Predigt aber habe ich noch eine Art Gleichnis aus dem Film wiedergegeben. Und das wiederum passt sehr gut zu unserem Thema hier. Und das gebe ich dir nun wortwörtlich – weil ich es besser nicht sagen könnte – wieder:

»Angenommen, ich würde mit meiner Familie wegfahren, in Urlaub für einen Monat. Und in der Zeit wohnt ein jung verheiratetes Pärchen im Haus, um auf alles aufzupassen. Meine Frau und ich machen ein Notizbuch zurecht, mit allen Informationen, die in unserer Abwesenheit vielleicht nützlich sein könnten. Da steht drin, ja zum Beispiel, wann die Pflanzen Wasser brauchen, was unsere Haustiere benötigen. Da sind Details im Notizbuch, wie, der Abfall wird am Donnerstagmorgen abgeholt, Mittwochabend müsst ihr ihn rausstellen. Toilette im Erdgeschoss leckt. Also bitte denkt auch dran, dort unbedingt das Wasser abzustellen. Gehen wir mal davon aus, das Pärchen ist glücklich über das Notizbuch und verspricht uns, sich konsequent daran zu halten. Aber wenn wir dann irgendwann zurückkommen, so nach dreißig Tagen, schon bei der Einfahrt auf das Grundstück sehen wir, wie der Müll leider überall rumfliegt. Da ist wohl was schiefgelaufen. Die Pflanzen sind vertrocknet und die Toilette im Erdgeschoss ist übergelaufen, da ist alles feucht geworden. Und dann seh' ich hinterm Haus nach und muss feststellen, dass all unsere Haustiere gestorben und begraben sind. Und die beiden kommen auf uns zu, mit dem Notizbuch, ganz aufgeregt, uns zu sehen. Sagen, wie hilfreich es war, diese Informationen gehabt zu haben. Sie sagen, sie haben alles gut durchgelesen und sie haben sogar diskutiert über das kleine Notizbuch. Ja, wirklich. Sie haben sich Stellen angestrichen, die ihnen besonders wichtig vorkamen. Sie haben sogar andere Pärchen eingeladen, um gemeinsam in dem Notizbuch zu lesen. Was würde ich denn dem Paar sagen? Ich würde sagen: *Hinweg von mir, ihr Übeltäter*, richtig? Ich meine, es geht hier nicht darum, ob sie wissen. Es geht um das Tun. Es reicht nicht aus, den Willen Gottes zu kennen. Wir haben danach zu leben.«[15]

Ein wenig zuvor spricht der Pastor davon, dass es nicht um die Taten geht, wenn wir über Errettung sprechen. Aber die Taten sind nicht unwichtig: »Eins muss klar sein: Erlöst sind wir nicht durch das, was wir tun, sondern durch das, was Jesus für uns getan hat, dort am Kreuz. Aber was wir tun und wie wir leben, ist der ultimative Beweis für das, was wir in Wahrheit glauben.«[16]

Ja, um Gott nachzufolgen, um Christin beziehungsweise Christ zu sein, so wie mein Verständnis dafür ist, muss ich loslassen, mich Gott ganz hingeben – im christlichen Sinne: nichts tun. Ich muss bei all den Aufs und Abs das Bild geraderücken lassen, mich verändern lassen. Das bedeutet aber nicht, dass nicht Arbeit vor uns liegt. Denn Gott möchte sein Reich unter uns aufbauen. Und ich bin mir ganz sicher, dass er das problemlos allein hinkriegen würde. Aber er macht es sich selbst schwer und will uns dafür mit einbeziehen. Wenn ich zu Hause irgendwas reparieren muss (Okay, das klingt jetzt hochtrabender als es ist, da ich handwerklich wirklich nicht begabt bin. Also, wenn Gott möchte, dass ein Gebäude errichtet wird, dann hat er, glaub' ich, als er Begabungen verteilte, nie geplant, dass ich da auch nur einen Stein hinsetze. Um die Arbeitenden allerdings zu motivieren, würde ich mir die Gitarre schnappen und losspielen – nur, damit du verstehst, wo ich talentetechnisch so stehe.), dann geht das mitunter – je nachdem, was es so ist – recht schnell. Allein. Wenn auf einmal eines meiner Kinder neben mir steht und fragt: *Papa, kann ich mitmachen?*, dann bin ich Papa und Pädagoge genug, um dies (zähneknirschend) zu bejahen. Dauert dann halt länger, wenn ich meiner Tochter erst einen Inbus-Schlüssel geben und eine Schraube an ihrem Fahrrad suchen muss, die sie eben mit genau diesem Inbus-Schlüssel NICHT drehen kann, sodass sie zwar dabei ist, aber … na, du verstehst, oder? Okay, ist nicht der beste Vergleich, da ich schon glaube, dass unsere Arbeit für Gott nicht nur Beschäftigungstherapie ist, aber der Kerngedanke stimmt. Gott könnte es allein schneller, besser, effektiver machen. Macht er aber nicht. Warum? Weil er ein noch viel, viel besserer Papa und unendlich liebevollerer Pädagoge ist als ich es je sein könnte. Gott will uns gebrauchen. Gott will, dass wir aktiv werden. Aber eben nicht, um unsere Sünden, unsere Schlechtigkeit wegzuarbeiten, sondern um ein Reich zu errichten, das im Sinne dieses Gottes ist, dem ich mich voll und ganz hingeben darf, weil er – Achtung, Grundannahme – schlichtweg GUT ist! Also ja, tu nichts, um Gott zu gefallen. Gib dich hin. Denn Gott ist gut. Und deshalb tu etwas, um seine Vorstellung dieser Welt, seine Vorstellung eines guten Lebens zu verwirklichen.

»Lass uns beten, als ob alles von Gott abhinge,
und arbeiten, als ob alles von uns abhinge.«
(Natha)[17]

ANGST

Wenn es um Angst geht, sollte man mit einem Witz beginnen:

Eine Mutter kommt ins Zimmer ihrer Tochter und findet dieses leer mit einem Brief auf dem Bett vor. Das Schlimmste ahnend, macht sie ihn auf und liest Folgendes:

Liebe Mami!

Es tut mir sehr leid, dir sagen zu müssen, dass ich mit meinem neuen Freund von zu Hause weggegangen bin. Ich habe in ihm die wahre Liebe gefunden! Du solltest ihn sehen, er ist ja so süß mit seinen vielen Tattoos und den Piercings und vor allem seinem Megateil von Motorrad! Aber das ist noch nicht alles, Mami, ich bin endlich schwanger, und Schatzi sagt, wir werden ein schönes Leben haben in seinem Wohnwagen mitten im Wald! Er will noch viele Kinder mit mir, und das ist auch mein Traum. Du brauchst keine Angst zu haben, Mami, ich bin schon dreizehn und kann ganz gut auf mich selber aufpassen! Ich hoffe, ich kann dich bald besuchen kommen, damit du deine Enkel kennenlernst!

Deine geliebte Tochter.

PS: Alles Blödsinn, Mami, ich bin bei den Nachbarn! Wollte dir nur sagen, dass es schlimmere Dinge im Leben gibt als das Zeugnis, das auf dem Nachtkästchen liegt! Hab' dich lieb![1]

Keine Ahnung, welches Datum oder welche Jahreszeit gerade ist, wenn du das hier liest. Aber stell dir mal vor, es ist so Anfang Januar. Der Jahreswechsel liegt erst ein paar Tage zurück. Warum? Na, so kannst du dich jetzt besser an den Silvesterabend letzte Woche erinnern. Kam bei euch da auch die typische Silvesterfrage auf? Bei uns kommt das manchmal. Ich kann mich noch sehr gut an den Silvesterabend 2022 erinnern, der gewissermaßen zweigeteilt war. Ein befreundetes Pärchen mit seinen zwei Kindern waren bei uns zu Besuch, wobei der Mann erst gegen 23 Uhr dazustieß. Und das war auch der Umbruch des Abends (was aber ehrlicherweise weniger an dem Mann lag), denn bis dahin bestand der Abend sehr viel aus mitunter auch tieferen Gesprächen. Danach ging es dann eher in eine feierliche Stimmung über. Aber ich habe an beide Teile noch sehr, sehr schöne Erinnerungen.

Als wir also so redeten, kam die typische Frage auf: Was sind deine Vorsätze fürs neue Jahr? Und da kamen Dinge wie mehr Nachrichten schauen, weniger Hass im Internet lesen, tägliches Yoga, keine Geburtstage mehr vergessen. Und dann wurde ich gefragt. Und meine Antwort war die, die ich eigentlich schon seit Jahren (zumindest innerlich) gegeben habe: ein besserer Mensch werden. (Ich sagte ja bereits, dass es über zwanzig Jahre dauerte, bis ich jetzt so langsam verstehe, dass ich gar kein besserer Mensch werden kann – Gott findet mich schon gut und *ich* kann schon mal gar nix *machen* –, sondern mich hingeben und loslassen, mein Herz öffnen muss, um mich verändern zu lassen. Deshalb hatte ich auch dieses Jahr (2025) diesen Vorsatz nicht mehr.) An besagtem Abend habe ich es sogar noch etwas umformuliert: ein besserer Christ werden. Innerlich dachte ich: vielleicht sogar *Christ* werden. Jesus nachfolgen, so richtig, so komplett, so kompromisslos, so aufrichtig und echt.

Ja, ich bin schon lange Christ, also das, was man so offiziell darunter versteht: dem christlichen Glauben angehörig, klar, okay. Aber folge ich Jesus wirklich nach? Bin ich echt jemand, der sein komplettes Leben, einfach alles auf Jesus setzt?

Ich weiß, dass ich jetzt schon mehrfach davon sprach, wie man Christin beziehungsweise Christ wird. Ich denke, auf dieselbe Frage kann man je nach Perspektive beziehungsweise auch ganz grundlegend viele Antworten geben, die sich gegenseitig nicht ausschließen, sondern ergänzen.

Es gibt eine Bibelstelle, die die Antwort auf diese Frage im Grunde gibt. Und nein – sollten hier theologisch bewanderte Menschen dieses Buch lesen (was macht ich hier?!) –, das ist mit Sicherheit nicht *die* Bibelstelle, die alles erklärt, und sie ist auch nicht *die* Bibelstelle, die mein Leben verändert hat. Aber sie hat eine ganz grundlegende Aussage über unser christliches Leben, unsere Beziehung zu Gott, und sie sprach mich an, als ich sie las. Ansprechend ist sie aber auch dahingehend, dass das, was in dieser Stelle steht, ich aber so was von lernen muss. Und ja, ich weiß, du wartest, aber ich mach's wie in einer guten Serie – ich halte dich noch ein wenig hin, was genau dort steht. (Wehe, du blätterst jetzt schon weiter!) Aber ich sage dir, worum es geht: Es geht um Angst. Also etwas, was jede und jeder von uns kennt, da bin ich mir sicher.

Weißt du, wie viele Ängste es gibt? Hab' nur mal die Liste bei Wikipedia überflogen, das sind über hundert![2] Und wovor wir alles Angst haben können! Hier nur mal die Ängste mit *E* aus dem entsprechenden Eintrag: Enochlophobie – die Angst davor, in Menschenmengen zu sein; Emetophobie – die Angst vorm Erbrechen; Erythrophobie – die Angst vorm Erröten; Ergophobie – die Angst vor der Arbeit beziehungsweise davor, zu arbeiten. Also ich glaube, uns ist klar: Angst ist allgegenwärtig. Auch Existenzängste, Geldsorgen und und und. Aber was ist Angst eigentlich?

Wikipedia sagt: »Angst ist ein Grundgefühl, das sich in als bedrohlich empfundenen Situationen in Form einer Besorgnis und unlustbetonten Erregung äußert.«[3] Allerdings kann Angst auch nützlich sein: Ohne Angst hätten die Menschen früher wohl nicht wirklich überleben können. Und auch heute noch ist Angst sinnvoll. Denk mal an die sogenannte *Schrecksekunde.* Das ist der Augenblick, in dem wir beinahe instinktiv entscheiden, wie wir uns in dieser oder jener Situation verhalten.[4]

Halten wir also fest: Angst ist ein Gefühl, Angst ist manchmal nützlich und Angst, so Wikipedia, ist ein Gefühl, das sich in als gefährlich wahrgenommenen Situationen als Besorgnis äußert. Angst beherrscht uns, Angst ist kein Ding, nichts zum Anfassen und doch real.

Ich mache in der achten Klasse, wenn ich eine Einführung in das Fach Sozialkunde gebe, immer eine Art Experiment. Ich frage die Klasse, warum sie hier sitzt. Sie könnten doch jetzt auch im Bett liegen, ins Schwimmbad gehen, zocken. Wenn sie jetzt aufstünden und gingen, dürfte ich sie rein rechtlich nicht anfassen und würde es auch nicht tun. Sie könnten also einfach den Klassenraum verlassen. In diesem Moment gibt es immer mindestens eine Person, die kurz aufsteht oder es zumindest andeutet, und ich sage bewusst kein Wort. Und die Person setzt sich wieder und lacht. Und ich frage dann: »Wieso? Wieso gehst du nicht? Ich darf dich körperlich nicht hindern.« Oft kommt dann die Antwort: »Weil es ein Schulgesetz gibt.« Meine Antwort: »Das Gesetz steht hier nicht in der Tür und sagt: 'Du kommst hier nicht raus.'« Am Ende kommen sie dann auf die Lösung: Weil wir Konsequenzen fürchten. Klar, es ist einfacher, sich mein Gelaber anzuhören, als Anschiss von den Eltern zu bekommen. Wir fürchten Konsequenzen. (Bisher ist übrigens nur ein einziges Mal jemand wirklich gegangen – der kam aber auch wieder.)

Weil wir Konsequenzen fürchten. Weil wir Angst haben. Im Sozialkundeunterricht gehe ich dann darauf ein, dass es gut ist, weil nur so ein friedliches Zusammenleben möglich ist. Aber wie sieht es denn bei uns ganz persönlich aus? Wie sieht es in unserem Glaubensleben aus? Hast du Angst? Hast du Angst, etwas falsch zu machen? Hast du

Angst, Gott zu enttäuschen? Hast du Angst, dass Gott deine Fehltritte bestraft?

Wir fragten in einem Seminar einmal einen katholischen Priester, ob er an die Hölle glaube, beziehungsweise wie er zu der Thematik stehe. Und seine Antwort war genial. Ich weiß nicht mehr genau, ob er sagte, er wisse es nicht oder dass es doch völlig egal sei, ob es die Hölle gäbe oder nicht. Aber wir sollten so leben, als gäbe es sie nicht. Übersetzt heißt das: Lebe so, als müsstest du keine Konsequenzen fürchten.

Jetzt kommt zurecht sofort der Einwand: *Na, Moment, dann kann ich der schlechteste Mensch sein und alles ist gut?* Nein, es geht um Freiheit, um Freiwilligkeit, um Nicht-ängstlich-Sein.[5]

Und das führt mich zur besagten Stelle in der Bibel, von der ich eben sprach und dich gewiss schon heiß machte. Es geht um die Worte aus dem Lukasevangelium im 1. Kapitel, die Verse 73 bis 75. Inhaltlich handelt sie davon, dass Zacharias nach der Geburt seines Sohnes Johannes Gott dankt. Und da sagt er: »Schon unserem Ahnvater Abraham hat er mit einem Eid versprochen, uns aus der Macht der Feinde zu befreien, damit wir keine Furcht mehr haben müssen und unser Leben lang ihm dienen können als Menschen, die ganz ihrem Gott gehören und tun, was er von ihnen verlangt.«[6]

Für mich steckt da etwas so Zentrales drin: *Damit wir keine Furcht mehr haben müssen und unser Leben lang ihm dienen können*. Nur ohne Furcht kann ich Gott dienen. Ich kann Gott nicht dienen, wenn ich vor ihm Angst habe.

Ich kann Gott nicht dienen, wenn ich Angst habe. Und das ist so fantastisch an Gott, am christlichen Glauben! Und ich glaube, das ist auch eines der Dinge, das einige Menschen nicht verstehen: dass Gott anders ist, unlogisch, unwahrscheinlich, nicht rational. Gerade wenn wir an die Weihnachtsgeschichte denken: Der Retter der Welt kommt in einer *Krippe (!!)* zur Welt! Unscheinbar, irgendwo im Kaff. Und wer erfährt es als Erstes? Wem erzählen die Engel direkt davon? Hirten! Nicht Königen, Pharisäern, Ärztinnen, Rechtsanwälten, whatever. Hirten! Und genau so ist es an dieser Stelle.

Wenn wir das Wort *dienen* im weltlichen Kontext hören, dann ist doch ganz klar, dass eine Dienerin beziehungsweise ein Diener auch eine Herrin oder einen Herrn hat und vor ihr oder ihm sollen die Dienenden doch bitteschön auch Respekt, am besten sogar Angst haben. Aber nicht bei Gott. Wenn ich Gott dienen will, muss ich meine Angst ablegen. Denn Gott schenkt Freiheit, Gott will, dass wir frei sind, frei von Ängsten. Denn Ängste engen ein. Unsere Entscheidung für Gott, für ein gottgefälliges Leben soll freiwillig sein, nicht erzwungen. Das will Gott nicht.

Mir ist das nochmal bewusst geworden, als ich im Alten Testament im 3. Mose etwas darüber las, wie es sich mit der Handhabung von Sklavinnen und Sklaven verhalten sollte. Kurz gesagt sagt Gott, dass die Menschen aus dem Volk Israel ihresgleichen nicht versklaven durften.[7] Und warum nicht? Weil sie Gott gehören, es sind seine Mägde und Knechte. Gottes Volk gehört Gott. Okay, klingt jetzt auch nicht viel besser, dass wir heute – zwar vielleicht nicht als Angehörige des Volkes Israel, aber so doch als zu Gott gehörend – Gottes Mägde und Knechte sind. Aber was macht Gott mit seinem Eigentum (entgegen jeder Erwartung, wenn man an Besitz solchen Eigentums denkt)? Er schenkt Freiheit. So ist Gott als Menschenbesitzer – er schenkt Freiheit, Angstlosigkeit. Gott ist anders, unlogisch, unwahrscheinlich, nicht rational. Gott ist wunderbar, und diesem Gott dürfen wir dienen. Nein, wir müssen ihm nicht dienen, aber wir dürfen. Warum? Weil es das Beste für uns ist, für unser Leben. Nicht, weil wir Angst vor eventuellen negativen Konsequenzen haben, sondern weil ein Leben, wie Gott es sich für uns vorstellt, bereichernd ist, erfüllend. Wenn wir aufeinander zugehen, unsere Nächsten lieben, nicht betrügen, nicht zerstören, nicht schlecht machen, dann ist das gut – für uns, für andere, für unser Zusammenleben.

Also: Wie werde ich Christin beziehungsweise Christ? Wie kann ich gottgefällig leben? Indem ich keine Angst habe, weil ich Gott vertrauen darf. Es geht um das Vertrauen, das wir zu Gott haben (oder eben auch nicht). Glaubst du, dass Gott dein Leben im Griff hat? Erinnerst du dich an den Autoaufkleber? Ist das wirklich so? Geben wir die Kontrolle ab? Ich denke nämlich, wenn wir das vollends tun würden, wäre alles so unendlich viel leichter. Das will Gott doch. Er will uns unser Leben erleichtern.

Du glaubst mir nicht? Schau mal in Hosea 6,5b-6: »Was ich von euch verlange, ist klar wie der helle Tag: Treue will ich von euch und nicht, dass ihr mir Tiere schlachtet! Ihr sollt mir nicht Brandopfer bringen, sondern erkennen, wer ich bin und was mir gefällt.«[8] In der Lutherübersetzung lautet Vers 6: »Denn ich habe Lust an der Liebe und nicht am Opfer, an der Erkenntnis Gottes und nicht am Brandopfer.« Gott geht es also nicht um stupides Gehorchen oder irgendwelche Rituale. Es geht um Vertrauen, weil es uns hilft. Wir sollen lieben, weil es unseren Beziehungen guttut. Und doch ist es oft so schwer.

Also: Wie geht es? Wie kann ich keine Angst mehr haben? Und ich meine jetzt nicht die medizinischen Phobien. Ich meine unsere alltäglichen Sorgen und Ängste, unsere Zweifel an Gott, unsere Zweifel, dass Gott nicht ausreichend für uns sorgt, unser Unglaube an so vielen Stellen. Wie bekomme ich dieses Vertrauen? Klare Antwort: Eine klare Antwort gibt es nicht, kenn ich nicht, weiß ich nicht. Wenn es wer weiß, gerne jetzt eine Nachricht an mich verfassen. Aber ich habe die Idee einer Ahnung bekommen, wie wir dieses Vertrauen wachsen lassen können.

Erinnerst du dich an die Geschichte mit meiner Tochter? Als immer, wenn jemand Fremdes vorbeilief, meine Tochter stehenblieb, zu mir rannte und sich dann teilweise einfach nur an meinem Mantel festhielt? Weißt du, seit ich Kinder habe, verstehe ich noch viel besser, warum in der Bibel so oft dieses Bild von Vater beziehungsweise Mutter und Kind(ern) verwendet wird. Weil es genau dieses Vertrauen ausdrückt. Lief meine Tochter vorher selbstbewusst auf dem Gehweg mehrere Meter vor uns, so war es dann damals eben zu diesem Zeitpunkt so, dass, sobald jemand anderes kam, sie hochgenommen werden wollte und deutlich Angst zeigte. Irgendwann *reichte* es ihr, wenn dann jemand Fremdes kam, sie zu mir lief und sich an meinem Mantel festhielt, bis die fremde Person vorüber war. Dann ließ meine Tochter los und ging fröhlich ihren Weg weiter. Ihr Halt war also, dass sie lediglich meinen Mantel berühren musste, um sich sicher zu fühlen. Und weißt du was? Dabei ging es nicht um den Mantel und erst recht nicht darum, dass ich so ein toller Mensch war. Sondern es ging darum, dass ich für sie *ich* war, ihr Papa, ihr Vertrauter. Sie kennt mich. Und weißt du noch was? Es war jetzt nicht so, dass ich ihr bis dato übelst bewiesen hatte, dass sie sich voll auf mich verlassen konnte. Ich sag mal so, als relativ frisch gebackener Vater war das vielleicht nicht gaaanz der Fall gewesen. Aber sie vertraute mir, weil sie mich kannte. Und ich glaube, Gott will, dass es sich mit ihm ähnlich verhält.

Gott macht uns das Angebot, dass wir nur zu ihm kommen brauchen und unsere Angst verlieren dürfen. Ich glaube aber, dass wir dieses Vertrauen nur erlangen, wenn wir ihn kennenlernen. Wenn wir uns mit ihm beschäftigen. In Johannes 10,27a sagt Jesus selbst: »Meine Schafe hören meine Stimme«. Um Gottes Stimme zu hören, muss ich die Stimme auch kennen, klar. Wenn ich mich also nicht großartig mit Gott beschäftige, wie soll dann eine Vertrauensbasis entstehen? Wie sollten wir dann unsere Ängste verlieren? Wie sollten wir ihm dienen, wie sollten wir ihm nachfolgen, ohne Angst, wenn wir ihn gar nicht kennen? Lasst uns uns mit ihm beschäftigen. Dann werden wir frei. Denn Angst wiederum bewirkt genau das Gegenteil.

Ein Musiker namens Betterov schrieb ein Lied mit dem Namen *Angst*. Passenderweise beschäftigt sich dieser

Song auch mit dieser Thematik und vor allem die erste Strophe beschreibt das beengende Gefühl von Angst sehr gut. Da heißt es:

Die Angst sitzt mir im Nacken, verdirbt mir meine Laune.
Die Angst packt ihre Koffer und geht mit mir nach Hause.
Heute hat sie mich im Griff, morgen wartet sie auf mich.
»Komm geh' einfach mal raus«, aber irgendwie trau' ich mich nich'.
Die Angst macht mich müde, raubt mir mein' Schlaf.
Zählt die Stunden auf, bis ich schlaflos ins Bett darf.[9]

Lasst uns darauf vertrauen, dass Gott uns nicht schlaflos ins Bett schickt. Er will mehr für uns, er will keine Enge, er will Freiheit für uns. Lasst uns diese kennenlernen!

»Doch wenn man sicher ist, dass man im Willen Gottes lebt, so kann man manches persönliche Risiko eingehen.«
(William MacDonald)[10]

GNADE

Nach den Kapiteln *Arbeit* und *Angst* sind wir wahrscheinlich am Tiefpunkt dieses Buches (zumindest, wenn du nur die Überschriften liest). Lass uns doch mit etwas aus diesem Buch rausgehen, das wichtiger ist als alles andere, was ich bisher schrieb. Ehrlich! Ich mein, klar, ist jetzt doof. Da hätte ich ruhig am Anfang mal einen Hinweis zu geben können, dass das Wichtigste jetzt zum Schluss kommt, aber komm schon, so dick ist dieses Buch nun auch wieder nicht. Ich hoffe, ich hab' dir nicht zu viel Zeit geraubt. Aber was jetzt kommt, das ist das wirklich alles Entscheidende! Aber lass es mich erklären …

Weltfrieden
Die perfekte Beziehung
Schneller Reichtum ohne Mühe
Der Traumurlaub zum Spottpreis
Makellose Schönheit
Ewige Jugend[1]

Na? Was haben diese Dinge gemeinsam? Sie sind zu schön, um wahr zu sein. Sie klingen perfekt, wunderschön, aber sie sind (in den meisten Fällen) leider nicht wahr und werden es (in den meisten Fällen) womöglich auch nie sein.

Ja, deprimierender Einstieg für das wichtigste Kapitel, ich weiß, aber ich möchte dir von etwas erzählen, das eigentlich zu schön ist, um wahr zu sein. Und die gute Nachricht voran: Es ist wahr. Ich möchte dir von der Gnade Gottes erzählen.[2]

Weißt du, es gibt Phasen in meinem Leben, da gehe ich manchmal joggen. Das ist dann mal häufiger und mal weniger häufig (also, ähm, ganz oft, also, ähm, vielleicht auch mal sehr, sehr lang gar nicht …). Am allerliebsten laufe ich aber nicht so durch Parks oder Wälder, sondern am liebsten laufe ich durch Wohngegenden, durch stark bewohnte Straßen. Und am allerliebsten so am frühen Abend. Nämlich dann, wenn es draußen dunkel ist – im Winter besonders gut geeignet – die Leute zu Hause sind, Licht anhaben und oft nicht zugezogen ist. Denn dann kann ich so laufen und in die Wohnungen gucken. Und ich weiß, manche Menschen würden mich vielleicht als Stalker bezeichnen, so würde ich das aber nicht sehen. Ich würde sagen, ich bin eher ein Beobachter. Ich mag es, in das private Leben von Menschen reinzuschauen, zu beobachten, gewissermaßen daran teilzuhaben. Und manchmal jogge ich also durch Häusergegenden. Und dann schaue ich links und rechts. Und dann sehe ich wie die Leute vielleicht zu Abendbrot essen, wie sie sich unterhalten, wie sie vorm Fernseher sitzen. Und ich habe so richtig ein Glücksgefühl. Das macht mir Freude. Und irgendwann lief ich so und merkte gar nicht, dass ich eigentlich joggte, dass ich eigentlich Sport machte, dass es eigentlich anstrengend hätte sein müssen. Und dann ertappte ich mich bei diesem Gedanken: Ist es dann überhaupt richtig, was ich hier tue? (Und ich meine nicht das Beobachten, sondern das richtige Sportmachen.) Ist das überhaupt effektiv für den Körper, wenn es sich nicht voll nach Anstrengung anfühlt, sondern wenn es sich irgendwie leicht und locker anfühlt? Ich kenne dieses Gefühl von Sport nicht. Sport ist für mich eigentlich immer etwas, was irgendwie schwer ist, was es zu überwinden gilt und wobei man sich am Ende dann gut fühlt, wenn man die Anstrengung geschafft hat.

Und dann lief ich so weiter und hatte diesen Gedanken: Manche Dinge sind einfach wunderschön und manchmal können wir unser Glück in dem Sinn gar nicht fassen. Wir denken so: Das ist zu schön, um wahr zu sein. Das kann doch jetzt nicht wahr sein, dass mir das Joggen gerade Freude macht und ich gar nicht die Anstrengung merke und es vielleicht trotzdem effektiv ist. Ist das zu schön, um wahr zu sein?

Ich denke, so ist Gottes Gnade. Zu schön, um wahr zu sein. Das ist das Geniale an unserer Religion. Deshalb bin ich so Fan von Gott, von Jesus, von dem Christlichen. Das ist das Geniale bei uns. Sätze wie: Die Letzten werden die Ersten sein. Das Schwache wird stark. Das, was jetzt wenig zählt, zählt viel bei Gott.[3]

Und einmal hatte ich so einen Moment. Ich berichtete dir ja bereits: Immer, wenn ich irgendwie am Boden bin, eine Sünde begangen habe, wenn ich mich schlecht fühle, dann gehe ich ins Gebet und ganz oft gehe ich da eben so Rituale durch. Ich bete vielleicht das Vaterunser, lass mich segnen, bete bestimmte Dinge. Und ich bin vielleicht innerlich sogar schon so weit, dass ich weiß, Gott muss das nicht hören, aber ich habe das Gefühl, ich muss das so sagen, dass das für mich abgeklärt ist. Ich brauche dieses *Amen* am Ende des Gebetes, das mir dann sagt: Okay, ab jetzt kann ich quasi die Sündenvergebung anerkennen und weiterleben.

Es geht an dieser Stelle nicht darum, dass ich das mache, damit Gott mir vergibt. Ich glaube, nein, ich bin mir sicher, dass mir Gott das vergibt, aber mir das selbst so bewusst zu machen, dieses Gefühl zu haben, ich bin befreit, das bekomme ich eigentlich nur, wenn ich diese Gebete so spreche. Diese quasi fast schon vorformulierten Gebete von mir selbst.

Und einmal also, als ich mal wieder an einem Tiefpunkt war, habe ich – und selten mache ich das so – anders gebetet. Nicht – okay zumindest nur teilweise – mein vorformuliertes Zeug. Ich habe einfach mit Gott gequatscht und gesagt, wie sehr mich das gerade alles ankotzt, wie das in meinem Leben so ist, dass ich von manchen Dingen einfach nicht wegkomme und immer wieder scheitere. Und dann betete ich also so und hörte auch Musik und machte die Wohnung sauber – ich hatte quasi nicht so diesen ganz konkreten Gebetsabschluss, sondern irgendwie verlief es gewissermaßen im Sand.

Und später am Tag holte ich meine Kinder vom Kindergarten ab, und es war sehr entspannt. Und ich lief so mit ihnen nach Hause und fühlte mich so gut und fühlte mich so, ja, aufgeräumt. Es fühlte sich geklärt an. Und dann kam für mich dieser Gedanke: Moment, ich muss doch eigentlich mit Gott nochmal dieses Thema, was ich heute am Vormittag hatte, besprechen. Und ich muss das doch mit Gott nochmal richtig klären. Und erst dann kann ich quasi so ein neues Leben beginnen, weil es doch dann erst richtig aufgearbeitet ist, wenn ich das nochmal richtig, quasi, ja, beinahe schon *rational* mit Gott besprochen habe.

Und in dem Moment kam mir dieser Gedanke in Erinnerung: Die Gnade Gottes ist zu schön, um wahr zu sein. Die Antwort lag auf der Hand: Nein, ich muss das eben nicht tun. Denn die Gnade Gottes sagt, dass er mir gnädig ist, dass er mir bereits vergeben hat, bevor ich diese Sünde überhaupt getan habe. Er hat mir schon vergeben, denn Jesus hat am Kreuz für mich bezahlt. Es ist weggenommen. »Unser Kampf gegen die Sünde ist edel und gut, aber lass dich nicht täuschen: Wir kämpfen nicht, um gerecht zu werden. Wir sind bereits gerecht. Wir lernen einfach, nach außen hin so zu leben, wie wir in unserem Inneren bereits sind.«[4] Ey, ich sag dir, ich verdiene eigentlich die Hölle, ganz sicher und ohne Frage! Keine Ahnung, ob es sie gibt, aber ich verdiene sie. Aber Jesus ist für mich eingesprungen und hat schon bezahlt, dass ich diese Glückseligkeit, dieses ewige Leben, dieses Wunderbare bei Gott haben darf. Er liebt mich so unendlich sehr, dass ich da nicht hinmuss. »Wir sind so sehr damit beschäftigt, uns selbst zu perfektionieren, weil wir denken, dass Gott uns erst dann mehr lieben wird. Aber er wird uns nie mehr lieben als jetzt gerade.«[5] Es braucht also nicht das Ritual. Es war in dem Moment klar: Der Neuanfang ist jetzt. In jeder einzelnen Sekunde ist dieser Neuanfang.

Weißt du, manchmal (okay, ziemlich oft – okay, eigentlich immer) bin ich neidisch auf Menschen, die eine konkrete Bekehrung hatten. Hatte ich nie. Ich bin mit dieser Religion aufgewachsen, hatte Momente, klar, aber es gab nie diesen einen einzigen Moment, an dem mein Leben neu begann (oder es sich zumindest so anfühlte). Vielleicht war es meine Taufe, meine Konfirmation. Vielleicht muss ich noch lernen, dass Gott eben auch ohne diesen großen einen Moment bei mir ist. Es war eben ein schleichender Prozess. Aber als mir klar wurde, ich gehöre in die Hölle und Gott hat bezahlt, war das definitiv ein Moment, der Eindruck machte.

Bevor ich gleich zu diesem Tag zurückkomme, möchte ich einen weiteren Gedanken dazu verlieren.

Warum sollte ich Christin beziehungsweise Christ werden? Wenn du meine letzten Zeilen aufmerksam gelesen hast, kommt ein Gedanken recht schnell auf: Vielleicht sind wir alle errettet? Ob ich nun glaube oder nicht? Warum brauche ich dann überhaupt Jesus? An dieses Thema möchte ich mich gar nicht heranwagen. Ich weiß es ehrlich gesagt nicht, aber ich kann mir ehrlicherweise auch keinen Gott vorstellen, der so voll Liebe ist und der nur, weil jemand nicht an ihn glaubt, ihn in irgendeiner Hölle schmoren lässt. Okay, wer sich vielleicht selbst nach seinem Tod hier auf Erden absolut gegen Gott stellt, ihn ablehnt, sich gegen ihn wehrt, okay, vielleicht gibt es für diese Leute einen anderen Ort (Gott zwingt uns ja schließlich nicht, bei ihm zu sein). Aber nur, weil ich ihm nicht vertraut und an ihn geglaubt habe? Das passt nicht zu meinem Bild von Gott, von einem Gott, der Liebe ist. Ja, Bonhoeffer sprach von der sogenannten *billigen Gnade*.[6] Wenn ich geliebt bin, dann kann ich doch sündigen, wie ich will – dieser Gedanke kommt auf, klar. Ich denke aber, wenn eine echte Beziehung zu Gott vorhanden ist, dann sündige ich weniger. Letztlich ist es wie bei einer Person, die du liebst und die dir Fehler vergibt. Da sagst du ja auch nicht: *Ach, weil ich sie so liebe, betrüge ich sie noch mehr und mehr.*

Weißt du, Gott tut es weh, wenn ich sündige. Judah Smith schreibt: »Ja, er [Jesus] ist betrübt über die Sünde. Sie zerstört uns und das hasst er.«[7] Interessanter Gedanke. Jesus hasst nicht die Sünde, einfach weil sie Sünde ist, sondern weil sie uns nicht guttut.

Aber wie gesagt, ich überlasse das sehr gern anderen Autorinnen und Autoren, dieses Thema zu bearbeiten. Hierfür wäre mein Leseempfehlung ganz klar *Rob Bell – Das letzte Wort hat die Liebe*.[8] Daraus möchte ich aber nur einen (und später einen zweiten) Gedanken – beziehungsweise zusammen mit einem Gedanken, den ich beim Lesen bekam – wiedergeben, nämlich die Frage nach unserem Auftrag.

Warum sollten wir anderen von Jesus erzählen – manche nenne dies missionieren –, wenn wir doch eh alle errettet sind? Ich mein, wozu die Arbeit, die Überzeugung? Wenn ich meiner Klasse endlos und immer wieder vermittle, dass sie doch alle brav lernen sollen, um im nächsten Test eine gute Note zu bekommen, und am Ende alle ausnahmslos eine Eins kriegen, hätte ich mir die Vorrede und die sich das Lernen sparen können. Okay, vielleicht hinkt der Vergleich, aber du verstehst, was ich meine, oder?

Ich glaube, wir sollen nicht missionieren, damit Leute gerettet werden. Gerettet sind wir womöglich alle. Aber ich glaube, wir sollen missionieren, also den Menschen von Gott erzählen, damit die Menschen hier auf Erden zu Lebzeiten schon Gottes Herrlichkeit genießen können. Damit wir gemeinsam hier an Gottes Reich bauen und es vorbereiten, weil das einfach das Beste für uns ist.[9]

Und passend dazu ein weiteres tolles Zitat von Judah Smith: »Jesus kennt sich mit dem Retten von Menschen gut aus. Ich nicht. Also lass ich ihn das tun, wenn's dich nicht stört. Ich bin einfach dafür zuständig, dass mein Freund weiß, dass er dazugehört.«[10]

Und warum sollten wir an seinem Reich bauen? Weil Gott gut ist und es gut mit uns meint. Wir sind geliebt, ich bin geliebt, du bist geliebt – mach dir das bewusst!

Zurück zu meinem besagten Tag. Denn an dem Tag – bevor ich meine Kinder abholte – hatte ich in der Bibel die Geschichte über die Heilung am Teich Betesda gelesen. Und es ist nicht so, dass ich sie nicht schon kannte. Aber das ist ja das Tolle am Bibellesen. Man liest einen Text zu einem Zeitpunkt und er sagt einem vielleicht nichts oder ein bisschen was. Und man liest den gleichen Text zu einem anderen Zeitpunkt und er offenbart sich einem total. Und für mich war das genau dieser Moment.

Ich las in diesem Moment der Verzweiflung diesen Betesda-Text und drei Kerngedanken haben mich aber so was von angesprungen, die ich dir gerne wiedergeben möchte.

Dazu aber vielleicht ganz kurz der zugehörige Text, damit du verstehst, wovon ich rede. Er steht bei Johannes im 5. Kapitel, die Verse 2 bis 14:

»Es ist aber in Jerusalem beim Schaftor ein Teich, der heißt auf Hebräisch Betesda. Dort sind fünf Hallen; in denen lagen viele Kranke, Blinde, Lahme, Ausgezehrte. Es war aber dort ein Mensch, der war seit achtunddreißig Jahren krank. Als Jesus ihn liegen sah und vernahm, dass er schon so lange krank war, spricht er zu ihm: Willst du gesund werden? Der Kranke antwortete ihm: Herr, ich habe keinen Menschen, der mich in den Teich bringt, wenn das Wasser sich bewegt; wenn ich aber hinkomme, so steigt ein anderer vor mir hinein. Jesus spricht zu ihm: Steh auf, nimm dein Bett und geh hin! Und sogleich wurde der Mensch gesund und nahm sein Bett und ging hin. Es war aber Sabbat an diesem Tag. Da sprachen die Juden zu dem, der geheilt worden war: Heute ist Sabbat, es ist dir nicht erlaubt, dein Bett zu tragen. Er aber antwortete ihnen: Der mich gesund gemacht hat, sprach zu mir: Nimm dein Bett und geh hin! Sie fragten ihn: Wer ist der Mensch, der zu dir gesagt hat: Nimm dein Bett und geh hin? Der aber geheilt worden war, wusste nicht, wer es war; denn Jesus war fortgegangen, da so viel Volk an dem Ort war. Danach fand ihn Jesus im Tempel und sprach zu ihm: Siehe, du bist gesund geworden; sündige nicht mehr, dass dir nicht etwas Schlimmeres widerfahre.«

Dem Typen, der da am See von Betesda liegt, dem begegnet Jesus und er wird dadurch gesund und muss nicht dieses Ritual mit dem ins Wassergehen machen. Denn immer, wenn ein Engel in den Teich hinabsteigt und das Wasser bewegt, wird die Person gesund, die als erstes danach hineinsteigt.[11] Der Typ hat niemanden, der ihn hinbringt, und wenn er dort ist, ist er nicht der Erste – das ist deprimierend. Und dann begegnet ihm Jesus. Und macht ihn gesund.

Hier meine drei Erkenntnisse aus dem Text:

1. Ich brauche nicht die Rituale, um gesund zu werden, sondern nur die Begegnung mit Jesus.

2. Wenn ich Jesus begegne, dann zählen keine Konventionen mehr. Dann zählt es nicht mehr, dass ich am Sabbat irgendwelche Vorschriften einhalten muss, sondern wenn Jesus sagt: »Steh auf, nimm dein Bett und geh«, ist es egal, wann, wo und wie er das sagt. Dann sollte ich es tun, dann werde ich es auch voller Begeisterung tun.

3. Jesus sagt zu dem Mann: »Siehe, du bist gesund geworden; sündige nicht mehr«. Das heißt, nicht zu sündigen ist nicht die Voraussetzung, dass wir geheilt werden, dass es uns gut geht. Sondern Jesus – einfach, weil er Gott ist, weil er für uns gestorben ist, weil er da ist – heilt uns, macht uns gesund. Und dann sollten wir zumindest versuchen, ohne Sünde zu leben, so gut das geht. Schau dir die Bergpredigt an, die ich hier jetzt nicht auseinandernehmen möchte. Aber letztlich werden da Dinge genannt, die eigentlich unmöglich für uns sind, sie zu schaffen. Zum Beispiel sollst du nicht Ehe brechen, »Ich aber sage euch: Wer eine

Frau ansieht, sie zu begehren, der hat schon mit ihr die Ehe gebrochen in seinem Herzen.« (Matthäus 5,28) What?? Ey, ich gehöre in die Hölle!! Es ist unmöglich, es zu schaffen, aber wir sollten es versuchen, anstreben. Nur sollten wir uns damit nicht kaputtmachen. Und gerade, weil wir es nicht schaffen können, genau deshalb sagt es Jesus. Denn es geht nicht ums Schaffen, sondern es geht darum, dass wir Ruhe bei Gott finden.[12]

Die Begegnung mit Jesus war für den Mann wahrscheinlich zu schön, um wahr zu sein, mit dem Unterschied, dass sie wahr war. Gottes Gnade, Gottes Barmherzigkeit ist zu schön, um wahr zu sein. Aber sie ist wahr.

In der evangelischen Kirche gibt es an den einzelnen Sonntagen jeweils Wochensprüche. Also Verse aus der Bibel, die über der entsprechenden Woche stehen. Für den 2. Advent lautet dieser folgendermaßen: »Seht auf und erhebt eure Häupter, weil sich eure Erlösung naht.« (Lukas 21,28b)[13]

Während ich dieses Kapitel hier schreibe, ist gerade Adventszeit (ich liebe sie!!). Also auch auf die Gefahr hin, dass du dieses Kapitel gerade im Hochsommer liest, so denk dich doch entweder jetzt kurz in kuschelige Wintersocken bei heißem Tee am verschneiten Fenster oder halte es rational, denn wie ich finde, ist – christlich gesehen – Weihnachten schließlich das ganze Jahr.

Dieser Wochenspruch also begegnet uns jedes Jahr in der Adventszeit, in der Zeit der Ankunft. Die Erlösung naht. Das, was zu schön ist, um wahr zu sein, das tritt ein. Es wird wahr. Es wird passieren. Es ist schon passiert. Weihnachten erinnert uns an den Anfang davon. Wir begehen die Adventszeit jedes Jahr in besonderer Art und Weise. Alles ist geschmückt und hell erleuchtet. Es ist eine Zeit, die uns eins bewusst machen soll: Unsere Erlösung naht. Weihnachten steht vor der Tür. Gott steht vor unserer Tür. Er hat ein Geschenk mitgebracht, das zu groß ist, um unter einen Tannenbaum zu passen. Und doch steht Gott mit diesem Geschenk da und sagt: *Na gut, wenn es nicht unter den Tannenbaum passt, dann kippe ich es einfach drüber.* Er schüttet seine Gnade über uns aus. Gottes Gnade ist da. Wir müssen nichts tun, denn Gott hat schon alles für uns getan.

Gottes Gnade. Zu schön, um wahr zu sein. Und dennoch ist sie wahr. Und das ist auch der Grund, der mich fest behaupten und glauben lässt, Weihnachten ist nicht nur am Ende des Kalenderjahres, sondern eben immer und allezeit. Gottes Gnade ist da. Wir müssen nichts tun, denn Gott hat schon alles für uns getan. An den Ursprung dessen dürfen wir uns das ganze Jahr erinnern. Seine Gnade schüttet Gott auch über mallorquinischen Sommerpalmen aus.

Wer mich kennt, weiß, dass ich in Predigten total gerne eine Art Hausaufgabe gebe, einen Praxisbezug herstelle, etwas Handfestes mit an die Hand gebe, damit man sonntags aus der Kirche rausgeht in diese Welt und sagen kann: Ja, genau dies und das setze ich um! Und das Einzige, was ich bei dieser Thematik mitgeben möchte, ist das Bewusstmachen dieser wunderbaren Gnade. Denn ich bin mir sicher, wenn wir uns dieser Gnade bewusst sind, wenn wir diese Leichtigkeit spüren, wenn wir verstehen – nicht nur da oben im Kopf, sondern da, mitten im Herzen –, was diese Gnade bedeutet, was diese Gnade mit uns macht, dann brauchen wir keinerlei Hausaufgaben, dann brauchen wir keinerlei Dinge, die wir jetzt vielleicht in dieser Welt tun sollten. Sondern ich bin mir sicher, dann kommt das von ganz allein. Dann gehen wir raus und sprühen nur so von Liebe, von Geborgenheit, von Zufriedenheit, von Angenommensein. Und wenn wir so in diese Welt gehen, wenn wir das unseren Mitmenschen zeigen, was wir da spüren, dann wird das die Welt verändern, dann wird dieses Licht, das in die Welt gekommen ist, durch uns durchstrahlen, um uns herumstrahlen und alles erleuchten.

Es ist zu schön, aber nicht um wahr zu sein, sondern zu schön, als dass wir es begreifen, aber es ist wahr. Denn Gottes Gnade ist wunderschön und real. Und wir Menschen können oftmals Dinge, die einfach zu perfekt, zu schön sind, nicht glauben, nicht annehmen, nicht realisieren. Aber Gott sagt: *Ich liebe dich! Du bist mein geliebtes Kind! Ich habe für dich Gnade in Fülle!*[14] »Von seiner Fülle haben wir alle genommen Gnade um Gnade.« (Johannes 1,16)

Und ey, diese Gnade, Gottes Gnade ist zu schön, um wahr zu sein. Aber sie ist wahr.

»Ein Rabbi sprach: Die große Schuld des Menschen sind nicht die Sünden, die er begeht – die Versuchung ist groß und seine Kraft ist klein. Die große Schuld des Menschen ist, dass er jederzeit umkehren kann und es nicht tut.«

(aus dem Chassidismus)[15]

UNCOOL

Was ist cool und was nicht? Schwierige Frage, bitte weiter. Aber vielleicht eine kurze Erklärung, warum das Ding hier so heißt.

Ganz am Anfang hab' ich dir berichtet, wie die Idee zu diesem Buch zustande kam. Es war das Wiedersehen mit den Internatsleuten und insbesondere mit John. Auf dem Hinweg zu diesem Treffen saß ich im Auto und hörte Musik. Und irgendwann kam ein Lied, das mir auf Anhieb ziemlich gut gefiel: *Uncool* von Leanna Crawford. Es ist für mich jetzt nicht das beste Lied aller Zeiten, aber es prägte sich mir ein und vor allem der Text des Refrains sprach mich an. Da heißt es:

If it's uncool to say I love Jesus
If it's uncool to sing about my freedom
Then I'm cool being uncool
If it's uncool to tell the world who saved me
I don't care if they call me crazy
Cause I'm cool being uncool[1]

Wenn es uncool ist zu sagen, dass ich Jesus liebe,
Wenn es uncool ist, über meine Freiheit zu singen,
Dann bin ich cool damit, uncool zu sein.

*Wenn es uncool ist, der Welt zu erzählen, wer mich ge-
rettet hat,
Ist mir egal, wenn sie mich verrückt nennen,
Denn ich bin cool damit, uncool zu sein.*[2]

Uncool. Ich fand und finde es für mein Leben recht passend. Nicht, wie ich das Christin- beziehungsweise Christsein empfinde. Sondern wie ich es empfinde, es nach außen zu tragen.

Wenn ich predige oder Christinnen und Christen von
dem erzähle, was ich so zu sagen habe oder wenn ich es
hier aufschreibe, dann bin ich mutig, dann finde ich es cool,
als eine Art *Lehrer* aufzutreten. Aber im Alltagsleben? Sorry, aber da empfinde ich es eben manchmal als echt uncool. Was absolut nicht an dem Inhalt liegt! (Ey, würde ich
mich sonst so viel damit beschäftigen?!) Aber Leuten von
Jesus zu erzählen, hat für mich immer so etwas – ach, keine Ahnung, ich suche gerade nach Worten, aber finde
nichts Passendes (vielleicht frag ich nachher mal *Chat-
GPT*).

Ich denke aber, das hat vor allem einen Grund. (Und
nochmal: Der Inhalt, die Botschaft ist es aber so was von
absolut nicht!) Denn dieses Gefühl, dass ich nicht wirklich
frei und *cool* von Jesus einfach jeder und jedem, der beziehungsweise dem ich begegne, erzähle, hat Rob Bell für
mich aufgeschlüsselt. Wenn ich seine Gedanken dazu lese,
drücke ich das so für mich aus: Ich missioniere nicht gern,
weil ich ein Bild von Gott habe, von dem ich nicht einhundert Prozent überzeugt bin, dass ich es anderen Menschen

nahebringen will – vielleicht, weil ich manches als Zwang empfinde, Angst habe, mir unsicher bin. Wenn ich mich ernsthaft fallen lassen würde, wenn ich Gott wirklich kennen würde, wenn ich wüsste, wie und wer er ist, dann würde ich auch mit Freuden und unaufhaltsam den Menschen von ihm erzählen.[3]

Ich glaube nicht, dass ich jedem Menschen von Gott sofort erzählen muss. Ich glaube, es vorzuleben und mit meiner Lebensweise zu zeigen, was Gottes Botschaft ist, ist effektiver. Und dann berichten, wenn ich daraufhin angesprochen werde. Aber wenn mir der Gedanke an das Berichten schon schwerfällt, läuft etwas schief. Heißt nicht, dass ich von Gott nicht überzeugt bin – echt nicht!! Ich glaube fest daran, dass Gott etwas Wunderbares bereithält! Und unser Zugang zu diesem Wunderbaren ist so simpel: nichts tun, hingeben, Kind werden.

So simpel, und doch vertraue ich Gott nicht. Nämlich immer dann, wenn ich Dinge tue, bei denen ich mir sicher bin, dass sie nicht in Gottes Sinn sind, ich aber glaube, dass sie mir doch guttun und ich sie jetzt unbedingt brauche. Meist fühle ich mich danach ziemlich schäbig und schlecht. Aber so was verdrängt man ja schnell, sodass es in der nächsten Situation eigentlich wieder von vorn losgeht. Dummerweise glaube ich Gott nicht, dass er immer das Richtige für mich entscheidet (obwohl ich doch weiß, dass es so ist!). Ja, ich zweifle irgendwie an Gottes Kompetenz. Und dieses Zweifeln hält mich davon ab, Gott ganz und gar zu vertrauen. Würde ich ihm ganz und gar vertrauen, würde ich mich echt hingeben, würde ich ihn den Regisseur in meinem Leben sein lassen, dann weiß ich, hier, mitten in meinem Herzen weiß ich, dass es mir gut gehen würde, in allen Belangen, da er nur das Beste für mich entscheidet (auch wenn es aus meiner weltlichen Sicht vielleicht manchmal nicht so scheint, aber Gott macht es gut). Aber mir mangelt es an Vertrauen. So oft mangelt es mir an Vertrauen.

Und dann gibt es auch noch den Part meiner Zweifel. (Du merkst, jetzt darfst du mich von dem Thron, auf den du mich mit Sicherheit gehoben hast, runterschubsen.) Wenn ich dir sage, dass ich von all meinem Geschriebenen zutiefst überzeugt bin (und das sage ich!), soll das nicht heißen, dass ich nicht auch manchmal Zweifel an gewissen Dingen habe. Ich denke aber, das ist normal, und bedeutet nicht, dass die Zweifel meinem Glauben überwiegen. Und ich glaube, darauf kommt es an.

»Hör auf, alles kontrollieren zu wollen, lass einfach los! Lass los!«[4] Klingt nach einem willkürlichen Zitat, gebe ich zu. Stammt aber aus dem für mich unangefochten besten Film aller Zeiten: *Fight Club*. Wenn du ihn noch nicht kennst (ey, lies noch schnell zu Ende und dann los geht's!!), dann würde ich dir sagen, dass es ein Film mit tiefchristlicher Botschaft ist (und du würdest es mir vielleicht tatsächlich abnehmen). Wenn du ihn kennst, schmunzelst du vielleicht, aber in der Tat sagte mir mein Bruder damals, dass er findet, darin stecke theoretisch eine christliche Botschaft (wenn ich mich da noch so recht erinnere). Und ich stimme ihm zu. Denn worum geht es? Genau: ums Loslassen. Der für mich zentralste Satz in diesem Film fasst so ziemlich meine Hauptaussage in diesem Buch und damit auch eine meines Erachtens ganz zentrale Aussage des christlichen Glaubens zusammen: Da sagt der Protagonist Tyler Durden: »Erst nachdem wir alles verloren haben, haben wir die Freiheit, alles zu tun.«[5]

Loslassen, nichts tun, hingeben, Kind werden. Um echte Freiheit zu erlangen.

»Denn wer sein Leben erhalten will, der wird's verlieren; wer aber sein Leben verliert um meinetwillen, der wird's finden.« (Matthäus 16,25)

»Wahrlich, wahrlich, ich sage euch: Wenn das Weizenkorn nicht in die Erde fällt und erstirbt, bleibt es allein; wenn es aber erstirbt, bringt es viel Frucht.« (Johannes 12,24).

Wie oft glauben wir, dass wir dies und das brauchen, um endlich glücklich und frei zu werden? Wie oft glauben wir, dass wir es besser wissen? Weißt du, die Erkenntnis, dass ich mir nicht nehmen muss, was ich glaube zu brauchen, sondern dass ich entspannt sein kann und darauf vertrauen darf, dass Gott mir zur richtigen Zeit das gibt, was ich wirklich benötige, ist wahrhaftig befreiend.

Diese Gnade, dieses Geschenk, dieses Hingeben, dieses Fallenlassen, das ich versuche, in diesem Buch immer wieder rüberzubringen, muss *ich* wohl am allermeisten lernen. Im Film *Luther* heißt es: »Wir predigen am besten, was wir am meisten lernen müssen.«[6] Ich denke, das kann ich so stehen lassen.

Sei gesegnet.

DANK

… an **GOTT**, dass er ist und ich bin, dass er gibt und ich haben darf, dass ich Scheiße bauen kann und er liebt.

… an meine Kinder **WILMA**, **BETTI** & **ELMO**.

… an meine Frau **JULE**, für das Dulden, wenn ich wortlos vor meinem PC hockte und dieses Ding hier versucht habe, zu einem Ende zu bringen.

… an meinen Bruder **CHRISTOPHER**, der kurzfristig (sorry, für die wenige Zeit!) ein paar Korrekturen vornahm und mir an manchen Stellen half, mein Geschriebenes nochmal zu überdenken.

… an meinen Bruder **PASCAL**, der mich mit zahlreicher christlicher Literatur versorgt und zwei sehr wichtige Bücher für diesen Inhalt hier beigesteuert hat.

… an meinen Bruder **NIKLAS**, der sich ebenfalls dazu bereit erklärte (sorry, für die wenige Zeit!), zu schauen, dass du nicht aufgrund der zu hohen Anzahl an Rechtschreibefehlern dieses Buch direkt wieder weglegst. (Geil, so viele Brüder zu haben!)

… an **MARIO**, an den ich mich mit einigen Fragen rund um das Schreiben und Veröffentlichen von Büchern wenden konnte.

… und nicht zuletzt an **NELA**, **HELENE**, **HEIKE**, **NICOLA**, **MARKUS**, **VALENTIN** & **JOHN**, für die Inspiration und Motivation – ob bewusst oder unbewusst – zum Schreiben dieses Buches.

… und ganz zum Schluss natürlich an **MENSCHEN** wie John, die hiervon etwas – und wenn es nur ein klitzekleines bisschen ist – mitnehmen.

BLEIBT BEHÜTET!

ANMERKUNGEN

NICK

1   Nick Foles (2024): Wikipedia [online] (Stand 09.01.2025).
        https://de.wikipedia.org/wiki/Nick_Foles.

2   Stern.de (2018): »Nick Foles – Ein Traum von einer Su-
        per-Bowl-Geschichte: Wenn der Mittelmäßige über sich
        hinauswächst« in www.stern.de (Stand 09.01.2025).
        https://www.stern.de/sport/sportwelt/nick-foles-im-super-
        bowl--wenn-der-mittelmaessige-ueber-sich-
        hinauswaechst-7850824.html.

3   Stern.de (2018): »Nick Foles – Ein Traum von einer Su-
        per-Bowl-Geschichte: Wenn der Mittelmäßige über sich
        hinauswächst« in www.stern.de (Stand 09.01.2025).
        https://www.stern.de/sport/sportwelt/nick-foles-im-super-
        bowl--wenn-der-mittelmaessige-ueber-sich-
        hinauswaechst-7850824.html.

4   Toebe, Uwe (2019): »NFL-Titelverteidiger Philadelphia –
        Plan F« in Spiegel Sport (Stand 09.01.2025).

https://www.spiegel.de/sport/sonst/philadelphia-eagles-haben-beim-quarterback-die-qual-der-wahl-a-1247685.html.

5   Ich bin mir relativ sicher, dass ich damals noch einen anderen Artikel zu Nicks Geschichte las und daraus die Geschichte hier strickte. Irgendwie habe ich nur noch den einen gefunden (den Rest versuchte ich, mit anderen Quellen zu belegen). Aber der Transparenz halber wollte ich es erwähnen. Der Artikel, auf den ich mich hauptsächlich beziehe, ist:

Schmieder, Jürgen (2018): »Super Bowl – „Ich wäre als Pastor genauso glücklich"« in Süddeutsche Zeitung (Stand 09.01.2025).

https://www.sueddeutsche.de/sport/super-bowl-ich-waere-als-priester-genauso-gluecklich-1.3854327.

FALLENLASSEN

1   Ich spreche hier zwar Frauen und Männer an, möchte aber an dieser Stelle – und an jeder anderen dieses Buches – niemanden ausschließen, und spreche jederzeit und trotz der Formulierung auch alle dazwischen und außerhalb (wie es Jan Böhmermann so schön sagt) mit an.

2   Diesen Gedanken habe ich bekommen, als ich den *Kommentar zum Neuen Testament* von William MacDonald gelesen habe. Allerdings möchte ich anmerken, dass

ich nicht allem zustimme, was er über dieses Thema schreibt. Später im Buch werde ich auch noch einmal kurz auf das Thema der Errettung zurückkommen. Der Transparenz halber will ich aber meine Quelle für diese Überlegung nennen:

MacDonald, William (2021): »Kommentar zum Neuen Testament« (8. Auflage, Christliche Literatur-Verbreitung e. V., Bielefeld), S. 552.

3   Reeves, Sarah (2018): »Easy« (Sarah Reeves, Josh Hawkins, Ian Keaggy, Daniella Mason, Robert Marvin). Easy Never Needed You. Curb | Word Entertainment, 2018. MP3.

4   Übersetzt mit ChatGPT:
OpenAI (2024): ChatGPT (Version 2.0 – Oktober 2024) [KI-Modell] in OpenAI (Stand 22.10.2024). https://chatgpt.com/c/6717647e-4704-8013-8725-66a68751cdb9.

5   Röger, Hendrik (2024): »Identität│Wachstum│   Römer 8:14-17│26.05.24│Hendrik Röger« [Audio-Podcast] in HAVEN Hamburg (Stand 30.09.2024). https://open.spotify.com/episode/3Md5LNmSummHvxIod phIpx.
Gedanken dieser Predigt werde ich vor allem in diesem Kapitel an zahlreichen Stellen einfließen lassen beziehungsweise wiedergeben. An ein paar Stellen werde ich mit Anmerkungen darauf hinweisen, aber gewiss nicht an

allen. Ich glaube nämlich, es nervt, wenn ich ständig Anmerkungen setze. Am besten, du hörst sie parallel zu diesem Kapitel und siehst selbst, an welchen Stellen ich überall geklaut habe. Denk dir einfach: Quelle für das Kapitel FALLENLASSEN? Diese Predigt hier.

6   Auch hier beziehe ich mich bereits auf die eben angesprochene Predigt. Aber wie gesagt: Ich glaube ständige Anmerkungen nerven. Selbst hören und herausfinden!

7   Ein paar Beispiele gefällig? Et voilà: Matthäus 18,3-4 oder auch Markus 10,14-15.

8   Muss ich Anmerkung 5 und 6 dieses Kapitels noch einmal wiederholen?

9   Smith, Judah (2014): »Jesus ist ___. – Das Menschsein neu entdecken« (2. Auflage) Grace today Verlag, Schotten), S. 64.

10   Muss ich Anmerkung 5, 6 und 8 dieses Kapitels wirklich noch einmal wiederholen?

11   1. Korinther 16,14 (nach der Übersetzung: Einheitsübersetzung der Heiligen Schrift. © 2016 Katholische Bibelanstalt GmbH, Stuttgart) – Jahreslosung 2024

12   Muss ich Anmerkung 5, 6, 8 und … ach, du verstehst.

13   Ich bin mir nicht mehr sicher, ob das exakt die Fragen waren, die ich stellte (siehe nächste Anmerkung), aber so ähnlich waren sie ganz sicher.

14   OpenAI (2024): ChatGPT (Version 2.0) [KI-Modell] in OpenAI. Als ich für die Predigt diese (oder eben ähnliche – siehe die Anmerkung zuvor) Fragen an ChatGPT stellte, hatte ich den Link nicht gesichert. Da eine KI immer andere Antworten liefert und ich auch nicht mehr genau weiß, wann ich die Frage stellte, kann ich den genauen Link und den Monat der Version nicht mehr wiedergeben. Zudem glaube ich, dass ich die Antworten etwas gekürzt hatte. Grundsätzlich ist die Adresse: https://chatgpt.com/.

15   Nachzulesen unter anderem bei Matthäus 22,34-40.

16   Evangelische Kirche in Deutschland (EKD) (2025): »Das Doppelgebot der Liebe – Die höchsten Gebote« in Evangelische Kirche in Deutschland (EKD) (Stand 09.01.2025).
        https://www.ekd.de/doppelgebot-der-liebe-10800.htm.

17   Aphorismen.de (2012): »Aphorismus zum Thema Liebe – von Juan de la Cruz« in Aphorismen.de (Stand 09.01.2025).
        https://www.aphorismen.de/zitat/21086.

GEFALLEN

1   Diesen Witz findet man an mehreren Stellen, wo er ähnlich erzählt wird. Diesen hier habe ich abgewandelt von: Otto (2024): »Witz des Tages: Mitarbeiter wettet, dass er absolut jeden kennt« in Einfach Schön (Stand 09.10.2024). https://www.einfachschoen.me/witz-des-tages-karl-kennt-alle-a-a/23333915243833.

2   Auch, wenn ich den Spruch in meiner Erinnerung auf einem Autoaufkleber las, möchte ich dennoch anmerken, dass es auch ein Buch mit diesem Titel gibt: Prean-Bruni, Maria Luise (2023): »Gott spielt in meinem Leben keine Rolle - er ist der Regisseur« (12. Auflage, SCM R. Brockhaus, Holzgerlingen).

3   Penn, Sean (2007): Into the Wild [Film] USA: Paramount Vantage, Art Linson Productions, Into the Wild, River Road Entertainment, 01:56:24-01:56:34.

NOCHMAL

1   Jierjian, Harry (2018-): You: Du wirst mich lieben [Serie] USA: Berlanti Productions, Man Sewing Dinosaur, Alloy Entertainment, Warner Horizon Television (2018-2020), Warner Bros. Television (2020), A+E Studios (season 1), Staffel 4, Folge 10, 00:44:19-00:44:20.

ARBEIT

1   Pons (2025): »Arbeit« in de.pons.com (Stand 10.01.2025).
https://de.pons.com/%C3%BCbersetzung-2/deutsche-rechtschreibung/Arbeit.

2   Voigt, Kai-Ingo/Hans-Werner Wohltmann (2018): »Arbeit – Definition: Was ist "Arbeit"?« in Gabler Wirtschaftslexikon (Stand 10.01.2025).
https://wirtschaftslexikon.gabler.de/definition/arbeit-31465/version-255022.

3   Nach der Übersetzung: Gute Nachricht Bibel, durchgesehene Neuausgabe. © 2018 Deutsche Bibelgesellschaft, Stuttgart.

4   Rettig, Daniel (2016): »Zufriedenheit im Job – Was sinnvolle Arbeit ausmacht« in WirtschaftsWoche (Stand 11.01.2025).
https://www.wiwo.de/erfolg/beruf/zufriedenheit-im-job-was-sinnvolle-arbeit-ausmacht/13832058.html.

5   Ein Teil aus 1. Korinther 7,17 (nach der Übersetzung: Gute Nachricht Bibel, durchgesehene Neuausgabe. © 2018 Deutsche Bibelgesellschaft, Stuttgart).

6   Berndt, Tobias (2015): »13# Das Reich Gottes (Mini-Input
        zur Lehreinheit "Lebe in Deiner Berufung")« in Prophe-
        tenschule.org (Stand 07.10.2024).
        https://prophetenschule.org/2015/04/29/13-das-reich-
        gottes-mini-input-zur-lehreinheit-lebe-in-deiner-berufung/.

7   Voigt, Kai-Ingo/Hans-Werner Wohltmann (2018): »Arbeit
        – Definition: Was ist "Arbeit"?« in Gabler Wirtschaftslexi-
        kon (Stand 10.01.2025).
        https://wirtschaftslexikon.gabler.de/definition/arbeit-
        31465/version-255022.

8   Frag mich bitte nicht, welche Predigt das war … keine
        Ahnung.

9   Nach der Übersetzung: Gute Nachricht Bibel, durchgese-
        hene Neuausgabe. © 2018 Deutsche Bibelgesellschaft,
        Stuttgart.

10   1. Korinther 7,24 (nach der Übersetzung: Gute Nachricht
        Bibel, durchgesehene Neuausgabe. © 2018 Deutsche Bi-
        belgesellschaft, Stuttgart).

11   Sooter, Shane (2010): Not a Fan: Die Geschichte eines
        Nachfolgers [Film] USA: City on a Hill Productions.

12   PRO (2012): »„Not a fan" – Die Geschichte eines Nach-
        folgers« in PRO – Das christliche Medienmagazin (Stand
        16.01.2025).

https://www.pro-medienmagazin.de/not-a-fan-die-geschichte-eines-nachfolgers/.

13   Schwehn, Bettina (2012): »not a fan. – Bist du noch ein Fan oder folgst du schon nach? Was an „not a fan." dran ist.« in ERF – Der Sinnsender (Stand 11.01.2025). https://www.erf.de/lesen/themen/gesellschaft/not-a-fan/2270-542-4154.

14   PRO (2012): »„Not a fan" – Die Geschichte eines Nach-folgers« in PRO – Das christliche Medienmagazin (Stand 16.01.2025). https://www.pro-medienmagazin.de/not-a-fan-die-geschichte-eines-nachfolgers/.

15   Sooter, Shane (2010): Not a Fan: Die Geschichte eines Nachfolgers [Film] USA: City on a Hill Productions, 00:56:26-00:58:19.

16   Sooter, Shane (2010): Not a Fan: Die Geschichte eines Nachfolgers [Film] USA: City on a Hill Productions, 00:54:46-00:55:01.

17   Natha (2022): »Überrascht von Furcht: Der Schlüssel um wirklich mit Gott zu leben« (5. Auflage, Crosspaint (Hrsg.), Corgémont, printed by amazon.com), S. 235.

ANGST

1   Diesen Witz findet man an mehreren Stellen, wo er ähn-
     lich erzählt wird. Diesen hier habe ich abgewandelt von:
     Laura1l (2013): »Eine Mutter kommt ins Zimmer ihrer
     Tochter und findet dieses leer mit einem ...« in United-
     Forum (Stand 14.01.2025).
     https://www.united-forum.de/threads/eine-mutter-kommt-
     ins-zimmer-ihrer-tochter-und-findet-dieses-leer-mit-
     einem.111390/.

2   Liste von Phobien (2025): Wikipedia [online] (Stand
     11.01.2025).
     https://de.wikipedia.org/wiki/Liste_von_Phobien.

3   Angst (2024): Wikipedia [online] (Stand 11.01.2025).
     https://de.wikipedia.org/wiki/Angst.

4   Althoetmar, Kai (2020): »Psychologie – Angst« in Planet
     Wissen (Stand 11.01.2025).
     https://www.planet-
     wissen.de/gesellschaft/psychologie/angst/index.html.

5   Wie ich in Anmerkung 2 des Kapitels FALLENLASSEN schon
     sagte, werde ich das Thema der Errettung später noch
     einmal kurz thematisieren. Da geht es dann auch darum,
     ob wir eben leben können, wie wir wollen.

6   Nach der Übersetzung: Gute Nachricht Bibel, durchgese-
     hene Neuausgabe. © 2018 Deutsche Bibelgesellschaft,
     Stuttgart.

7   Nachzulesen in 3. Mose, 25,39-55.

8   Nach der Übersetzung: Gute Nachricht Bibel, durchgese-
     hene Neuausgabe. © 2018 Deutsche Bibelgesellschaft,
     Stuttgart.

9   Betterov (2020): »Angst« (Manuel Bittorf, Tim Tautorat).
     Viertel vor Irgendwas. Betterov Recordings, 2020. MP3.

10   MacDonald, William (2021): »Kommentar zum Neuen
     Testament« (8. Auflage, Christliche Literatur-Verbreitung
     e. V., Bielefeld), S. 521.

GNADE

1   OpenAI (2024): ChatGPT (Version 2.0) [KI-Modell] in
     OpenAI. Hierzu hatte ich ChatGPT wieder befragt, was
     denn so Dinge sind, die zu schön sind, um wahr zu sein
     (»Weltfrieden« kam, glaub ich, von mir. Den Rest über-
     nahm die KI.), und hatte den Link nicht gesichert. Da eine
     KI eben immer andere Antworten liefert und ich auch
     nicht mehr genau weiß, wann ich die Frage stellte, kann
     ich den genauen Link und den Monat der Version nicht

mehr wiedergeben. Grundsätzlich ist die Adresse: https://chatgpt.com/.

2   Dieser Ausdruck, dass die Gnade Gottes zu schön ist, um wahr zu sein, kommt ehrlicherweise gar nicht von mir. Den habe ich in dem vorhin schon erwähnten Buch von Judah Smith gelesen und den fand ich so wunderschön und passend. Ich weiß nicht, ob noch an anderer Stelle, aber auf jeden Fall ist er hier zu finden:
Smith, Judah (2014): »Jesus ist ___. – Das Menschsein neu entdecken« (2. Auflage, Grace today Verlag, Schotten), S. 78.

3   Die drei Aussagen findest du beispielsweise bei Matthäus 20,16, im 2. Korinther 12,9 und im 1. Korinther 1,27.

4   Smith, Judah (2014): »Jesus ist ___. – Das Menschsein neu entdecken« (2. Auflage, Grace today Verlag, Schotten), S. 238.

5   Smith, Judah (2014): »Jesus ist ___. – Das Menschsein neu entdecken« (2. Auflage, Grace today Verlag, Schotten), S. 238.

6   Bonhoeffer, Dietrich (1952): »Nachfolge« (4. Auflage, München) in evangelischer-glaube.de – Die Online - Dogmatik. (Stand 13.01.2025).
https://www.evangelischer-glaube.de/bonhoeffer-nachfolge/bonhoeffer-die-teure-gnade/.

7   Smith, Judah (2014): »Jesus ist ___. – Das Menschsein neu entdecken« (2. Auflage, Grace today Verlag, Schotten), S. 53.

8   Bell, Rob (2013): »Das letzte Wort hat die Liebe – Über Himmel und Hölle und das Schicksal jedes Menschen, der je gelebt hat« (2. Auflage, Brunnen Verlag, Gießen).

9   Diesen Gedanken habe ich aus besagtem Buch von Rob Bell. Ich kann leider nicht mehr ganz nachvollziehen, wann mir dieser Gedanke kam und welchen Gedanken ich genau bei Rob Bell meinte, also an welcher Stelle, als ich das Buch gelesen habe. Ich habe es im Nachgang noch mal versucht zu rekapitulieren. Dieser Gedanke hängt letztlich mit einem anderen zusammen, den du im nächsten Kapitel und damit bei Anmerkung 3 des nächsten Kapitels findest. Ich würde sagen, beide Gedanken habe ich bekommen, als ich die Seiten 172-190 las (beziehungsweise stehen sie dort).

10   Smith, Judah (2014): »Jesus ist ___. – Das Menschsein neu entdecken« (2. Auflage, Grace today Verlag, Schotten), S. 163.

11   »Die Verse 3b und 4 [des 5. Kapitels des Johannesevangeliums] finden sich erst in der späteren Überlieferung: »Sie warteten darauf, dass sich das Wasser bewegte. Denn der Engel des Herrn fuhr von Zeit zu Zeit herab in den Teich und bewegte das Wasser. Wer nun zuerst hin-

einstieg, nachdem sich das Wasser bewegt hatte, der wurde gesund, an welcher Krankheit er auch litt.«« (Anmerkung zu Johannes 5,3 in: Lutherbibel, Taschenausgabe mit Apokryphen, Revidiert 2017. © 2016 Deutsche Bibelgesellschaft, Stuttgart).

12   Diesen Gedanken habe ich von Judah Smith: Smith, Judah (2014): »Jesus ist ___. – Das Menschsein neu entdecken« (2. Auflage, Grace today Verlag, Schotten), S. 121-131.

13   Kirchenjahr evangelisch (2025): »2. Advent« in kirchenjahr-evangelisch.de (Stand 06.01.2025). https://kirchenjahr-evangelisch.de/2-advent/.

14   Jeweils ein Beispiel? Schau hier: Römer 5,8, 1. Johannes 3,1 und Psalm 103,11.

15   Evangelische Brüder-Unität (2023): »Die Losungen 2024 – Gottes Wort für jeden Tag« (294. Ausgabe, Friedrich Reinhardt Verlag, Lörrach/Basel), S. 127.

UNCOOL

1   Crawford, Leanna (2020): »Uncool« (Leanna Crawford, Andrew Jacob Pruis, Matthew Joseph West). Leanna Crawford – EP. Provident Label Group LLC, 2020. MP3.

2   Übersetzt mit ChatGPT:
       OpenAI (2024): ChatGPT (Dezember 2024) [KI-Modell] in
       OpenAI (Stand 19.12.2024).
       https://chatgpt.com/c/6763e797-1e7c-8013-ac18-
       7d95648f86e8.

3   Wie in Anmerkung 9 des vorherigen Kapitels beschrie-
       ben, habe ich diesen Gedanken aus besagtem Buch von
       Rob Bell (beziehungsweise steht es dort), aber wie und
       wo genau, kann ich nicht mehr ganz nachvollziehen.
       Auch hier verweise ich auf die Seiten 172-190 und damit
       auf Anmerkung 9 des vorherigen Kapitels.

4   Fincher, David (1999): Fight Club [Film] Deutschland,
       USA: Fox 2000 Pictures (presents), New Regency Pro-
       ductions (presents), Linson Films, Atman Entertainment,
       Knickerbocker Films, Taurus Film, 01:35:51-01:35:58.

5   Fincher, David (1999): Fight Club [Film] Deutschland,
       USA: Fox 2000 Pictures (presents), New Regency Pro-
       ductions (presents), Linson Films, Atman Entertainment,
       Knickerbocker Films, Taurus Film, 01:01:23-01:01:26.

6   Till, Eric (2003): Luther [Film] Deutschland, USA, Tsche-
       chische Republik, Italien: NFP Teleart Berlin (I), Thrivent
       Financial for Lutherans, Eikon Film, ARD Degeto Film,
       Evangelische Kirche in Deutschland (EKD), German In-
       formation Center, 00:15:08-00:15:11.

Noch was ...

Aus Transparenzgründen möchte ich an dieser Stelle erwähnen, dass meine Predigten prinzipiell aus Stichpunkten bestehen, die aber wiederum meist als ganze Sätze formuliert sind. Für mich formatiere ich sie aber eben mit Aufzählungszeichen, sodass ich sie zum Halten der Predigt besser lesen kann. Ich habe für das Buch hier ChatGPT genutzt, um die Formatierung zu ändern (also, und auch um Dinge zu recherchieren, Rechtschreibe- und Grammatik-Fragen zu stellen, ...), sodass meine Stichpunkte, aus denen meine Predigten bestehen, in einen Fließtext geschrieben wurden. Es sollte dabei aber der Wortlaut nicht verändert werden. Während des Schreibens dieses Buches habe ich aber bemerkt, dass ChatGPT meine Stichpunkte, die dann nun im Fließtext waren, doch sprachlich leicht verändert (verbessert) hatte. Ich hab' es dann so übernommen.